Cuadernos del Acantilado, 112
REMEDIOS PARA LA VIDA

FRANCESCO PETRARCA

REMEDIOS PARA LA VIDA

SELECCIÓN, PRÓLOGO Y TRADUCCIÓN
DEL LATÍN DE JOSÉ MARÍA MICÓ

BARCELONA 2023   ACANTILADO

TÍTULO ORIGINAL *De remediis utriusque fortunæ*

Publicado por
ACANTILADO
Quaderns Crema, S. A.

Muntaner, 462 - 08006 Barcelona
Tel. 934 144 906
correo@acantilado.es
www.acantilado.es

ISBN: 978-84-19036-33-9
DEPÓSITO LEGAL: B. 23 007-2022

AIGUADEVIDRE *Gráfica*
QUADERNS CREMA *Composición*
ROMANYÀ-VALLS *Impresión y encuadernación*

SEGUNDA REIMPRESIÓN *abril de 2024*
PRIMERA EDICIÓN *enero de 2023*

CONTENIDO

LIBRO SEGUNDO

REMEDIOS CONTRA LA MALA SUERTE

Sum peregrinus ubique: 'En todas partes soy un peregrino'. Así se definió más de una vez Francesco Petrarca, cuyo padre, el notario ser Petracco di Parento, un güelfo *bianco* hostigado y condenado por los *neri*, había tenido que huir de Florencia a finales de 1302 y se estableció en Arezzo con su mujer, Eletta Canigiani. Allí, *in exilio*, como él mismo se ocupó de precisar, nació Francesco el lunes 20 de julio de 1304. Su infancia transcurrió en Incisa Valdarno y, tras un breve período en Pisa (donde quizá vio a Dante por única vez) y un accidentado viaje por Génova y Marsella, la familia se instaló en Aviñón, sede de la corte papal. Estudió sus primeras letras (gramática, dialéctica y retórica) en Carpentras, bajo la tutela de Convenevole da Prato, y en 1316 fue enviado por su padre a estudiar Leyes a Montpellier, donde permanecería hasta 1320, interrumpido por alguna pesadumbre (su madre murió hacia 1318) y más dedicado al estudio de la literatura que al derecho. Con su hermano Gherardo, tres años menor, se trasladó después a Bolonia para continuar sus estudios, pero los abandonaría en 1326, en parte forzado por la muerte de su padre y en parte desengañado por la deshonestidad que advertía en los hombres de leyes.

De nuevo en Aviñón, la curiosidad y el destino le depararían varios hallazgos no menos trascendentales para su obra que para su vida: reunió algunos manuscritos importantísimos (Virgilio, san Agustín, san Isidoro, Tito Livio…) y, sobre todo, vio a Laura por vez primera el 6 de abril de 1327 en la iglesia de Santa Clara. Los primeros años de su amor por Laura fueron también los de la restauración y comentario de los libros *Ab urbe condita*, y en 1330 entró en religión (tomó las órdenes menores) y al servicio del cardenal Giovanni Colonna, lo que le permitió, por ejemplo, viajar a lo largo de 1333 por el norte de Europa (París, Gante, Lieja, Aquisgrán, Colonia, Lyon…). De aquellos años datan las primeras rimas en lengua vulgar, reunidas hacia 1336 pero no configuradas todavía como cancionero.

Dos logros de aquella época marcaron su vida, y el mismo Petrarca les asignaría un profundo valor simbólico: el ascenso al monte Ventoux en 1336 y el viaje a Roma en 1337, que representaban, cuando menos, su entrada en la madurez. De vuelta a Aviñón, se instaló en la casa que había comprado en Vaucluse y en los años siguientes (1338-1342) inició algunos de sus proyectos literarios más ambiciosos: el poema épico latino *Africa*, la primera colección *De viris illustribus*, quizá el núcleo primitivo de los *Trionfi*, una nueva compilación de las rimas... Por la excelencia de sus obras, y una vez examinado de arte poética por el rey Roberto de Anjou en Nápoles, fue laureado en el Capitolio el 8 de abril de 1341. Vuelto a Vaucluse en marzo de 1342, obtuvo algunas sinecuras en la diócesis de Pisa e inició, sin perseverar, el estudio del griego con el monje Barlaam. El nacimiento de su segundo hijo natural (Francesca; el primero, Giovanni, había nacido en 1337), la entrada de su hermano Gherardo en el monasterio cartujo de Montrieux, la muerte de Roberto de Anjou y las fracasadas misiones diplomáticas en Nápoles tiñeron el año de 1343 con una sombra de desilusión. Su incesante peregrinaje y los conflictos bélicos lo llevaron a Parma (asediada por los Visconti), a Verona (allí descubrió varias cartas de Cicerón y proyectó su propia colección de epístolas) y de nuevo a Vaucluse, donde inició el *De vita solitaria* y el *Bucolicum carmen*, no acabados hasta diez años después, en 1356. En 1347 compuso el *De otio religioso* con ocasión de una visita a su hermano en Montrieux, y es casi seguro que inició en ese año la redacción de su obra más personal, el *Secretum*, sometido al menos a dos revisiones en 1349 y en 1353.

Todavía en 1347, ilusionado con la rebelión de Cola di Rienzo en Roma, abandonó el servicio de los Colonna y decidió volver a Italia. Se detuvo un tiempo en Génova, en Verona y en Parma, pero nuevas adversidades se le cruzaron en el camino: la derrota de Cola di Rienzo y, sobre todo, la extensión de la peste, que acabó con la vida de Laura en otro 6 de abril, el de 1348. Francesco se enteró dos meses después por la carta de un amigo y determinó dar a su obra una nueva dimensión: compuso seguramente los *Psalmi penitentiales* y concibió la muerte de su amada como eje de los *Rerum vulgarium fragmenta*, dispuestos desde entonces en dos secciones (en vida y en muerte de Laura). Fueron los años de la recopilación de epístolas latinas en prosa (*Familiares*) y en verso (*Metrice*) y del soneto-prólogo al *Canzoniere*, escrito en 1350 poco tiempo antes de viajar a Roma con motivo del Jubileo y de conocer en Florencia a Giovanni Boccaccio, a quien daría pruebas de amistad en diversas ocasiones y lugares a lo largo de casi veinte años (en Milán en 1359, en Venecia en 1363 y en Padua en 1368).

En 1353, tras dos años en Vaucluse, volvió para siempre a Italia y se estableció en Milán, donde permaneció ocho años—viajes aparte—vinculado a la corte de los Visconti. El *Canzoniere* siguió creciendo hasta alcanzar nuevos estadios de elaboración (la «forma Correggio», de hacia 1356-1358, y la «forma Chigi», de 1359-1363), mientras su autor se ocupaba también en el *De remediis...* La peste, que no cesaba, le obligó a trasladarse a Padua en junio de 1361, y un año después a Venecia, donde residió hasta 1368. Desde allí procuró favorecer el retorno del papa a Roma y, en respuesta a las violentas críticas de ciertos aristotélicos venecianos, compuso *De sui ipsius et multorum ignorantia*.

En la primavera de 1368 se estableció en Padua, hospedado por Francesco da Carrara y retomó, para ampliarlo, el *De viris illustribus* al tiempo que su salud se iba deteriorando. En marzo de 1370, ya bastante enfermo, se instaló en Arquà en una casa que había mandado levantar un año atrás (muy pronto acudiría a cuidarle Francesca con su familia), y el 4 de abril, en previsión de un inminente viaje a Roma, dictó su testamento. En Ferrara le sobrevino un síncope y se quedó sin ver al papa en el Vaticano (porque al poco tiempo Urbano V sería expulsado de nuevo a Aviñón); volvió primero a Padua y después, definitivamente—a salvo de un nuevo viaje a Venecia—, a Arquà en mayo de 1373. En los que serían los últimos meses de su vida preparó nuevas revisiones de su *Canzoniere* (las formas «Malatesta» y «Queriniana», anteriores a la «Vaticana») y escribió, tradujo, amplió o retocó varias piezas de importancia, entre las que destaca, también simbólicamente, el *Triumphus Eternitatis*, compuesto y revisado con gran empeño en apenas un mes.

Francesco Petrarca murió en Arquà durante la noche del 18 al 19 de julio de 1374.

REMEDIOS PARA LA VIDA

Hacia el final del libro segundo del *Secretum*, cuando Agustín y Francesco andan a vueltas con el tema de la fortuna, el discípulo afirma que quizá acabe diciendo lo que piensa «en otro momento y en otro lugar». Ésa es la primera traza de un proyecto que, como casi todos los suyos, acompañó a Petrarca durante un largo período. Muy poco tiempo después de esa declaración de propósitos, en una epístola de mediados de 1354 (*Seniles*, XVI, 9), Petrarca le explica a Jean Birel que tiene entre manos, *in manibus*, un libro, *De remediis ad utranque fortunam*, «en el cual me ocupo con todas las fuerzas de aliviar, y aun de extirpar, si fuese posible, las pasiones del alma, mías o de quienes lo lean», y precisa a continuación que la carta a la que está respondiendo le ha llegado «mientras tenía bajo la pluma el tratado sobre la infelicidad y la miseria».[1]

Aunque el capítulo «De tristitia et miseria» es de los últimos (II, 92), no parece razonable ni necesario suponer, por más que el mismo Petrarca lo afirme en el prólogo, que un texto de la extensión y la complejidad del *De remediis* pudiera haber sido «empezado y acabado en unos pocos días»: su composición no tuvo por qué ser progresiva, y, por otra parte, hacia 1367 Giovanni Boccaccio lo menciona como *novissimus* mientras anuncia

---

[1] Petrarca, «Cartas seniles», en: *Epistolario*, vol. IV, present. Marc Fumaroli, próls. y notas Ugo Dotti, trad. Francisco Socas, rev. Jordi Bayod, Barcelona, Acantilado, en prensa.

su inminente difusión. La escritura del *De reme-diis utriusque fortune* (tal fue el título definitivo) acompañó, pues, a Petrarca durante una docena de años vividos con relativa calma entre Milán, Padua y Venecia. En otra de sus epístolas, fecha-da el 9 de noviembre de 1367 (*Seniles*, VIII, 3), el autor da por terminada su obra y se alegra de que haya gustado a «algunas personas de gran ingenio».[2]

Sin embargo, el tema escogido no es precisa-mente muy original—resultaría difícil hallar en la época otro que lo sea menos—, y de hecho el mismo autor declara haberse inspirado en el *De remediis fortuitorum*, uno de los muchos tratados atribuidos a Séneca que alcanzaron celebridad en la Edad Media. Pero Petrarca completa y su-pera el modelo pseudosenequiano con una con-cienzuda voluntad enciclopédica y una inextin-guible capacidad de contemplación de la fortu-na y de sus efectos. Sabe muy bien, por ejemplo, que lo habitual ante «los súbitos e inciertos mo-vimientos de las cosas humanas» es buscar alivio cuando la fortuna nos muestra su peor cara, la de la adversidad, y que es mucho más difícil saber re-

[2] *Ibid.*, vol. III.

girse y desengañarse cuando la suerte nos es favorable. «Las dos caras de la fortuna deben temerse y sobrellevarse, pero una requiere freno y la otra distracción; en una se debe reprimir la soberbia del alma y en la otra aliviar su desamparo».

Gracias a la terca asunción de esa bicefalia, no tan frecuente como cabría esperar en los moralistas antiguos y medievales, Petrarca culmina una especie de *summa* moral para todos los hombres, que sirve igualmente para el escarmiento de los prósperos y el consuelo de los desdichados. De ahí que los dos libros de que se compone se organicen de un modo simétrico y complementario: las cuatro principales pasiones del alma (en el primer libro el gozo y la esperanza, en el segundo el dolor y el temor) entablan un diálogo (llamémoslo así por ahora) con la razón, que es quien lleva la voz cantante. Esas cuatro pasiones se refieren, además, a los aspectos positivos o negativos del presente (gozo y dolor) y del futuro (esperanza y temor), de modo que en los más de doscientos cincuenta capítulos de que se compone el *De remediis* se trata del fruto, bueno o malo, de todos los aspectos de la vida: las dotes del cuerpo y el alma, las distracciones, la educación, el arte, los parientes, los amigos, el poder, la guerra, la posición social, la salud, el dinero, el amor, la muerte…

Quien haya disfrutado ya con las fecundas conversaciones del *Secretum* y las compare sin más con los romos y escuetos parlamentos (más bien estribillos) del Gozo y del Dolor, enseguida se dará cuenta de las diferencias, pero también advertirá que Petrarca supo adaptarse al carácter cerrado y sistemático del *De remediis* y a las necesidades demostrativas de la Razón. En cualquier caso, ese rudimentario diálogo entre personajes abstractos basta y sobra para dar variedad y vivacidad, no meramente oratorias, a lo que, de otro modo, no hubiese pasado de ser una previsible retahíla de verdades morales. Además, aunque también esté lejos de aquel *ordo neglectus* con el que Petrarca contribuyó a prefigurar o apuntalar el desarrollo del ensayo moderno, el *De remediis* valía y vale como «discurso», al arrimo y al modo de los clásicos, por el territorio invariable de la condición humana.

Nada más aleccionador, por tanto, que la obstinada actualidad de la que ha sido definida como «*l'opera più medievale del Petrarca*».

NOTA SOBRE EL TEXTO
Y LA TRADUCCIÓN

El lector de hoy que quiera acceder al texto latino completo del *De remediis* puede recurrir a dos opciones extremas: el incunable y el CD-ROM. En las bibliotecas públicas españolas se conservan varios y buenos ejemplares de las obras latinas de Petrarca en las ediciones de Basilea, 1496 y 1554 (yo he manejado para mi traducción un ejemplar de la *princeps*, el Inc. 502 de la Biblioteca de la Universidad de Barcelona); por otra parte, la edición informática de las *Opera omnia* (Roma, Lexis) incluye un «*testo provvisorio*» del *De remediis* a cargo de L. Ceccarelli y E. Lelli.

En mi traducción he preferido respetar las formas antiguas o peculiares de algunos nombres conocidos (*Tulio* por Cicerón o *Cayo* por Calígula, por ejemplo) y no me ha parecido necesario poner notas o interpolaciones en los dos o tres lugares en que se dice tan sólo «el poeta cómico» o «el poeta lírico» y debe entenderse, por excelencia, Terencio y Horacio. Ya queda explicado aquí. También he visto, claro, la primera traducción castellana de Francisco de Madrid (publicada en Valladolid en 1510), tan lograda para su tiempo como inservible para un lector medio de hoy (puede verse una muestra en la principal antología del Petrarca latino en castellano, *Obras*, I: *Prosa*, ed. F. Rico *et al.*, Madrid, Alfaguara, 1978); en otras lenguas son relativamente accesibles, y me han resultado útiles, la breve selección con versión italiana de P. G. Ricci (en *Prose*, ed. G. Martellotti, Milán, Riccardo Ricciardi, 1955) y la traducción completa al inglés de Conrad H. Rawski (Bloomington, Indiana University Press, 1991).

Para decidir el título de este volumen hemos tenido en cuenta que se trata de una selección. El título latino original puede traducirse de varias maneras y en el fondo todas son buenas, porque se trata de remedios—que son tanto 'consejos' como 'admoniciones' y 'antídotos'—de, contra o para los dos tipos de suerte: la buena y la mala. Remedios para la vida, en definitiva.

LIBRO PRIMERO

REMEDIOS CONTRA LA BUENA SUERTE

I

LA EDAD FLORIDA Y LA ESPERANZA DE UNA VIDA LARGA

GOZO Y ESPERANZA   Es la flor de la edad: hay mucho por vivir.

RAZÓN   He aquí la primera vana esperanza de los mortales, que ha engañado y engañará a millares de hombres.

GOZO Y ESPERANZA   Es la flor de la edad.

RAZÓN   Vano y breve placer: es una flor que se seca mientras hablamos.

GOZO Y ESPERANZA   Está la edad entera.

RAZÓN   ¿Quién puede llamarla entera, si carece de muchas cosas y no se sabe cuántas le faltan?

GOZO Y ESPERANZA   Y sin embargo hay una ley cierta en el vivir.

RAZÓN   ¿Quién promulga esa ley y cuál es ese tiempo legítimo de la vida? Resulta verdaderamente inicua una ley que no es igual para todos, sino tan variable, que nada hay más incierto que el límite de la vida.

GOZO Y ESPERANZA   Con todo, hay algún límite y fin de la vida establecido por los sabios.

RAZÓN   Poner límite a la vida no puede hacerlo quien la recibe, sino Dios, que la da. Pero te entiendo: piensas en los setenta años o, si se trata de naturalezas más robustas, en los ochenta, y ahí fijas el momento en que el dolor y la angustia alcanza a los ancianos. A no ser que vuestra esperanza vaya aún más lejos de la mano del que dijo: «El número de los días del hombre es, como mucho, cien años», y son muy pocos los que llegan. Pero, aun suponiendo que todos llegasen, ¿de qué sirve tal insignificancia?

GOZO Y ESPERANZA   ¡Es muchísimo! La vida de los jóvenes es más segura, y está más lejos de la vejez y de la muerte.

RAZÓN   Te engañas. Si bien para el hombre no hay nada seguro, la parte más peligrosa de la vida es aquella que, a causa de una seguridad excesiva, transcurre descuidada. Ninguna cosa está tan cerca de otra como la muerte de la vida. Parecen muy distantes, pero están juntas, porque la una huye sin cesar y la otra sin cesar se aproxima. Adonde vayáis la tendréis delante, y aun encima de la cabeza.

GOZO Y ESPERANZA   Por lo menos la juventud está presente ahora, y la vejez lejos.

RAZÓN   Nada hay más inestable que la juventud ni más insidioso que la vejez. Aquélla nunca está firme: nos halaga y escapa; ésta, acercándose de puntillas en la oscuridad, hiere a los desprevenidos y, cuando se finge lejana, está a la puerta de casa.

GOZO Y ESPERANZA   Es una edad en ascenso.

RAZÓN   En muy falsa cosa confías. Ese subir es, en realidad, bajar. La vida es breve, el tiempo inseguro; furtivamente, sin hacer ruido, se pasa entre sueños y distracciones. ¡Ojalá esta celeridad del tiempo y esta brevedad de la vida pudiesen conocerse al principio como se conocen al final! A quienes entran les parece infinita, y no es nada para quienes han de salir; y lo que parecía un siglo es apenas un instante. Entonces se descubre el engaño, cuando ya no se puede evitar; y por eso suelen darse en vano consejos a la juventud: es a un tiempo incrédula e inexperta, carece de consejos propios y desprecia los ajenos. Y de este modo los errores juveniles, por más innumerables y descomunales que sean, permanecen ocultos e ignorados para sus propios autores. Nada mejor que la vejez para descubrirlos y representarlos ante los ojos de quienes son cómplices y disimulan; no advertís lo que debierais ser hasta que acabáis siendo lo que no querríais, cuando ya no hay remedio. Si alguien, por sí mismo o creyendo a quien se lo enseña, lograse saberlo a tiempo, yo lo tendría por un joven único entre miles, preclaro y afortunadísimo: no tendría que arrastrar su vida por tantas revueltas, pues el único camino seguro y recto es el que pasa por la virtud.

GOZO Y ESPERANZA Es una edad sin interrupciones.

RAZÓN ¿Cómo puede llamarse sin interrupciones si desde su mismo principio no deja de irse y si al punto de darse se rompe en pedazos pequeñísimos? El cielo gira con un movimiento continuo, los instantes se llevan las horas, las horas los días, un día destruye a otro y éste, sin descanso, a otro. Así pasan los meses y los años, y así el tiempo corre y se apresura, y aun «vuela» (lo afirmó Cicerón) «sin mover las alas veloces» (lo dijo Virgilio). Y así, como en los viajes por mar, sin sentirlo ni pensarlo, el fin llega de improviso.

GOZO Y ESPERANZA Esta edad está en su comienzo, lejos del extremo.

RAZÓN En tan breve camino nada está lejos.

GOZO Y ESPERANZA Pero ninguna parte está más distante del fin que el principio.

RAZÓN   Ninguna, en efecto; pero sólo podría afirmarse tal cosa si la vida de todos los hombres tuviese la misma duración. En cambio los niños se precipitan en la muerte con frecuencia y por múltiples causas, de manera que suele estar más cerca del final aquello que parecía más alejado.

GOZO Y ESPERANZA   Es, sin duda, la edad más floreciente.

RAZÓN   A pesar de que pocos lo advierten, desde que hemos empezado a hablar se ha producido alguna mudanza, y por cada una de estas sílabas se ha ido un poco de vida, algo ha sido arrebatado a la flor caduca de la edad. ¿En qué aventaja este delicado y bello adolescente a aquel viejo seco y arrugado, sino en esta caduca y breve flor de que estamos hablando, una flor que de continuo muere? No entiendo qué dulzura ni qué alegría puede haber en ella, puesto que el joven sabe que habrá de convertirse, aun antes de poder decirlo, en lo que el viejo ya es; y si no lo sabe es que está loco. A no ser que, entre dos condenados a muerte, creas más afortunado al último al que cortan la cabeza; a mí me parece que la dilación lo convierte, en cierto modo, en el más desgraciado. Sin embargo, la condición de unos y de otros no es idéntica, pues al último de los condenados puede ocurrirle algo que lo libere del suplicio y le permita vivir. Sólo la muerte puede lograr que el joven escape de la vejez. En suma: en poco espacio de tiempo no puede caber mucha felicidad, y a un ánimo generoso nada que sea pequeño le resultará deseable. Despertad, pues, los que dormís. Ya es hora de abrir los ojos soñolientos. Acostumbraos de una vez a pensar en las cosas eternas, a amarlas y desearlas, y a despreciar a un tiempo las que son perecederas. Aprended a apartaros espontáneamente de las cosas que no pueden estar mucho tiempo con nosotros, y a abandonarlas con el ánimo antes de que ellas os abandonen.

GOZO Y ESPERANZA   Es una edad verde y firme.

RAZÓN   Mienten los que dicen que hay firmeza en tal o cual edad. Nada hay más voluble que el tiempo. El tiempo es la rueda de todas las edades, ¿y tú lo crees estable? ¡Oh, vanidad! Ninguna cosa es firme: en este mismo instante eres arrebatado.

II

LA BELLEZA CORPORAL

GOZO   La belleza de mi cuerpo es espléndida.

RAZÓN   No es más firme que el tiempo: con él viene y con él se va. Detén el tiempo, si puedes, y quizá entonces se detenga la hermosura.

GOZO   La belleza de mi cuerpo es extraordinaria.

RAZÓN   Te asientas sobre un fundamento frágil. El mismo cuerpo pasa como una sombra, ¿y aseguras que una cualidad accidental y momentánea del cuerpo permanecerá contigo? Los accidentes pueden perecer aunque permanezca el sujeto sustancial, pero no pueden evitar extinguirse si se extingue el sujeto. Y, además, de todas las cualidades que expiran con este cuerpo mortal, ninguna es más fugaz que la belleza, igual que una florecilla delicada que, apenas se muestra, se desvanece ante los mismos ojos del que la admira y la alaba: un poco de escarcha la abrasa, un soplo de viento la derriba, si no es cortada de súbito por una mano enemiga o pisoteada por algún caminante. Glorifícate ahora y goza cuanto quieras, que a grandes pasos viene quien rasgará el tenue velo tras el que te escondes: la muerte descubre el precio de la belleza humana. Y no sólo la muerte: bastan la vejez o el espacio de unos pocos años, y aun la repentina fiebrecilla de un día. Además, aunque no hubiese ninguna influencia externa, la belleza se consume por sí misma con sólo existir y se convierte en humo; y al cabo no es tanta la alegría que provoca su llegada cuanto el dolor que nos deja al irse. Así lo experimentó una vez, si no me engaño, aquel bello emperador romano que escribió a un amigo: «Advierte que nada hay más grato que la hermosura, ni más breve». Y aunque fuese un don perpetuo de la naturaleza, no alcanzo a entender qué es lo que resulta tan deseable en esa hermosura, que ni siquiera es firme en el hombre, pues resplandece sólo en la superficie y encubre muchas cosas horribles y repugnantes con un velo sutilísimo que ablanda y engaña a los sentidos. Conviene, pues, complacerse con los bienes verdaderos y firmes, no con los falsos y perecederos.

GOZO   La hermosura de mi cuerpo es elegantísima.

RAZÓN   Tienes una venda en los ojos, un lazo

en los pies y un cepo en las alas: no te resultará fácil conocer la verdad, ni seguir la virtud, ni remontar el vuelo con tu espíritu. La belleza estorbó a muchos que buscaban la honestidad y los condujo al lugar contrario.

GOZO   La belleza de mi cuerpo es maravillosa.

RAZÓN   Dices bien: maravillosa. Porque ¿hay algo que pueda maravillarnos más que esta vanidad? ¡De cuántas cosas gratas se abstienen los jóvenes hermosos! ¡Cuántas fatigas afrontan! ¡Cuántos suplicios se imponen, y no para ser realmente más bellos, sino tan sólo para parecerlo, obsesionándose con la hermosura y descuidando la salud y el placer! ¡Cuánto tiempo perdido para embellecerse, y cuántas cosas provechosas y necesarias se echan entretanto a perder! Quédate, pues, con tu breve y caduco bien, con tu vano deleite, que no te los envidio. Tienes al enemigo en casa y, lo que es peor, se trata de un enemigo tierno y complaciente. Tienes un ladrón del reposo y del tiempo; tienes un tormento continuo, motivo de afanes, causa fertilísima de peligros, alimento de pasiones, una puerta tan abierta para el odio como para el amor. Quizá serás amado por las mujeres, pero a los hombres les resultarás odioso o sospechoso. Nada enciende más los celos de los casados que la hermosura; nada se desea más ardientemente, nada mueve con tanta fuerza el ánimo, y por eso no hay nada que provoque más sospechas.

GOZO   La hermosura de mi cuerpo es colosal.

RAZÓN   A menudo lleva a los jóvenes sin juicio adonde no les conviene, porque piensan que pueden disfrutar honestamente del bien que tanto desean, sin preocuparse de lo conveniente. Muchos han padecido ya, por esta causa, una muerte amarga y ruin.

GOZO   Soy de una rara hermosura.

RAZÓN   Pero por poco tiempo, hasta que el color de ese hermoso rostro padezca su mudanza. Los cabellos rubios te caerán y los que queden se volverán blancos; esas delicadas mejillas y esa frente lisa se verán surcadas por profundas arrugas; esos ojos, brillantes y risueños como dos luminosas estrellas, los cubrirá una nube de tristeza; el marfil de esos dientes blancos y radiantes será revestido por un pútrido sarro, y no sólo cambiarán de color, porque ya nunca volverán a ser los mismos; esa cabeza erguida y esos ágiles hombros se combarán; ese cuello delicado se volverá rugoso; acabarás sospechando que esas manos ásperas y esos pies deformes no son tuyos. ¿Para qué hablar más? Llegará un día que no te reconocerás en el espejo. Y todas estas ruindades, que crees muy lejanas, acudirán, si sigues viviendo, antes de lo que cuesta decirlo, y te lo advierto ahora para que no digas después, atónito ante tantas novedades, que no te lo había anunciado. Si hoy me haces caso, mañana te asombrarán menos tus transformaciones.

GOZO   Mientras tanto mi hermosura es resplandeciente.

RAZÓN   Nada puede decirse aquí más breve y a propósito que lo de Apuleyo: «Espera un poco y no lo será».

GOZO   Hasta ahora la hermosura de mi cuerpo es excelsa.

RAZÓN   ¡Cuánto mejor sería que lo fuese la de tu alma! Hay, en efecto, una belleza del alma, mucho más suave y cierta que la del cuerpo, que también tiene sus leyes y que se atiene a un orden y a la disposición armoniosa de sus partes. Hubiese sido más digno preferirla y entregarse a ella, puesto que el tiempo no la consume, y no la destruyen las enfermedades ni la muerte. Y tú te maravillas de cosas caducas.

GOZO   Ciertamente, al menos por ahora, mi hermosura es poco común.

RAZÓN   En esto, como en tantas otras cosas, es preferible el término medio. Si no usas esa belleza para tu propia complacencia ni te preocupas de agradar a otros más de lo conveniente, si te vales de ella casta, sobria y templadamente, no será pequeña la alabanza que merezcas.

GOZO   Un rostro hermoso serena el alma.

RAZÓN   Al contrario: a menudo la pone en peligro. ¿Qué sentido tiene gloriarse de lo que no es tuyo ni puedes conservar mucho tiempo? Nadie ha merecido gloria por tenerlo, y sí muchos por despreciarlo. Baste un caso: el prestigio de Espurina no se debió a su belleza natural, sino a la fealdad que él mismo se procuró.

GOZO   Intento juntar la virtud del alma con la hermosura del cuerpo.

RAZÓN   Si lo consigues, todos te consideraremos afortunado: la belleza parecerá más radiante y la virtud más placentera. Aunque Séneca opine que erró el que dijo: «La virtud resulta más grata en un cuerpo hermoso», yo pienso que el reproche sería justo si hubiese dicho «más grande» o «más perfecta» o «más elevada». Y puesto que al decir «más grata» no se refirió sólo a la virtud en sí misma, sino al juicio de quienes la contemplan, no creo que Virgilio se equivocase cuando lo dijo. En suma, como en la hermosura no reside nada firme ni digno de ser deseado, si alguna vez acude en compañía de la virtud, y siempre que no engañamos al juzgarlas, admitiré que la belleza pueda llamarse ornamento de la virtud y aun resultar agradable a la vista; pero si está sola, diré es una carga inútil para el alma y una infausta señal de funestos escarnios.

III

LA SALUD

GOZO   ¿Y qué dirás de mi buena salud?

RAZÓN   Todo lo que hasta aquí he dicho de la hermosura, piensa que se dijo de esa que llamas salud.

GOZO   La salud de mi cuerpo es muy firme.

RAZÓN   ¿No ves la vejez, que viene directamente contra ti, armada de mil enfermedades diferentes, mientras la sensualidad combate tu cuerpo por dentro? Es una vieja y sabida contienda.

GOZO   Es alegre la salud de mi cuerpo.

RAZÓN   Falsa alegría es aquella que hace negligentes y descuidados a los sanos, provocándoles muchas enfermedades que, de no haber confiado tanto en su salud, podrían haberse evitado.

GOZO   La salud de mi cuerpo es muy buena.

RAZÓN   Haz de ella un buen uso, pues de otro modo, causando como suele alguna ofensa, no será un bien pequeño, sino un gran mal. La salud ha sido tan peligrosa y nociva para muchos, que más les hubiese valido estar enfermos en la cama.

GOZO   Es óptima la salud de mi cuerpo.

RAZÓN   Eso es algo verdaderamente placentero y provechoso, tanto para el cuerpo como para el alma. Pero igual que hay hierbas venenosas que mezcladas con otras sustancias producen una bebida saludable, esa misma bebida podría ser nociva con uno solo de sus ingredientes. Así ocurre con la salud del cuerpo, que, para no resultar dañina a quien la disfruta, sólo puede combinarse con la sanidad del alma. Nada puede estar peor que un alma enferma en un cuerpo sano.

LA MEMORIA

GOZO   Tengo una gran memoria.

RAZÓN   Entonces tienes una espaciosa casa para los enojos, una sala llena de gentiles pinturas, donde son muchas las cosas que te dan fastidio.

GOZO   Mi memoria abarca muchas cosas.

RAZÓN   Entre muchas cosas siempre son pocas las que deleitan; las demás atormentan, y a menudo el recuerdo de los placeres está lleno de tristeza.

GOZO   Mi memoria contiene muy diversas cosas.

RAZÓN   Si son buenas, bien está; si son malas, ¿por qué estás tan contento? ¿Te parece pequeño el dolor de haber padecido o visto los males sin que vuelvan continuamente a tu memoria o estén siempre ante tus ojos?

GOZO   Tengo memoria de muy diversas cosas.

RAZÓN   Y entre ellas están los pecados, los errores, los crímenes, las injurias, los engaños, las penas, los sufrimientos y los peligros, aunque el recuerdo de estos últimos produce, según dicen, un cierto placer; pero ese placer no viene tanto de la memoria de los males pasados, cuanto del gozo de los bienes presentes. Y es que a nadie le divierte acordarse de los trabajos y peligros pasados si no se encuentra tranquilo y seguro. ¿Quién recordará la pobreza con alegría, sino sólo el rico? ¿Quién la enfermedad, sino el sano? ¿Quién la esclavitud, sino el liberto? ¿Quién la cárcel, sino el libre? ¿Quién el destierro, sino el que ha vuelto a casa? Solamente el recuerdo de la injuria, aun rodeada de honores, es triste siempre, porque nada es más delicado e irreparable que la fama.

GOZO   Mi memoria está repleta de cosas y abarca muchos tiempos.

RAZÓN   En la mucha memoria hay mucho fastidio. Hay cosas que irritan la conciencia, que la dañan, la hieren, la confunden, la espantan o la destruyen, y por esa razón el rostro de quienes recuerdan, aunque estén pensativos y callados, enrojece por la vergüenza o palidece por el temor, cosa más frecuente en las gentes peores: la indecisión de sus pisadas y el temblor de su voz son indicios de una mente turbada y aturdida por el recuerdo.

GOZO   Mi memoria es muy rápida.

RAZÓN   Preferiría que tu voluntad fuese buena, tus deseos puros, tus consejos honestos, tus hechos rectos y tu vida irreprochable.

GOZO   Mi memoria es muy tenaz.

RAZÓN   ¿Y cómo es que puedes olvidar los preceptos divinos, que son muy pocos? ¿Cómo puedes olvidarte de Dios, si hay sólo uno, y aun de ti mismo?

GOZO   Mi memoria es muy tenaz.

RAZÓN   Que lo sea de cosas terrenales e inútiles, bien lo creo. Pero ¿hacia dónde se encamina esa inquieta y veloz memoria vuestra, que, después de atravesar el cielo y la tierra, no sabe volver en sí y se olvida de lo más necesario y saludable? Tal vez encuentres en tu memoria algún pequeño placer, pero la mayor parte del tiempo sólo hallarás angustias. No sin razón contestó, pues, Temístocles a quien se ofreció a enseñarle el arte de la memoria de Simónides, recién descubierto entonces: «Más quisiera aprender el arte del olvido». Y aunque fue obsequiado por la naturaleza con una excelentísima memoria, llena de cosas y palabras innumerables, hizo muy bien al dar una respuesta que os conviene a todos, pues aprendéis lo que deberíais olvidar y olvidáis lo que deberíais aprender, usando vuestra memoria en cosas para las que sería más provechoso el olvido y, no contentos con los límites que la naturaleza os puso, convertís esa locura en un arte.

GOZO   Mi memoria es omnipotente.

RAZÓN   Ese título es propio sólo de Dios. Probablemente quisiste decir «muy poderosa»; y si tu memoria tiene realmente alguna fuerza, que será mejor que cualquier otra curiosidad, debe desechar las cosas malas y reunir, no las que dan deleite, sino las que te aprovechan.

GOZO   Mi memoria es óptima.

RAZÓN   No puede haber nada mejor que lo óptimo, pero si pretendes que creamos lo que dices, demuestra que conservas en ti lo mejor: acuérdate del pecado para lamentarlo; acuérdate de la muerte para refrenarte; acuérdate de la justicia divina para temer, y de su misericordia para no desesperar.

LA SABIDURÍA

GOZO   He alcanzado la sabiduría.

RAZÓN   Gran cosa has logrado, si se trata de la sabiduría verdadera, que es inseparable de la virtud; y si has alcanzado la virtud, será cierto lo que dices, pero ten en cuenta que una y otra se alcanzan antes de pensamiento que de obra.

GOZO   Soy sabio.

RAZÓN   Créeme, si de verdad lo fueses nunca dirías eso. El hombre sabio conoce sus faltas, y no se vanagloria, sino que se afana de continuo.

GOZO   Afirmo que soy maestro de la sabiduría.

RAZÓN   Bien irían las cosas si hubiese tantos sabios como maestros de la sabiduría, pero esto es muy fácil y aquello muy difícil.

GOZO   Soy sabio.

RAZÓN   Si de verdad quieres serlo, nunca pienses que lo eres. Creerse sabio es el primer escalón hacia la necedad, y el segundo es afirmarlo.

GOZO   Con el estudio he llegado a la sabiduría.

RAZÓN   Ése es el camino más seguro para alcanzarla, pero piénsate muy bien si de verdad ya has llegado, porque la sabiduría no se alcanza con el estudio de unos pocos años como otras disciplinas: es necesario el esfuerzo de toda una vida, por larga que sea. Como suele decirse, si alguien, corriendo todo el día, consigue llegar a la tarde, bastante ha hecho. Una de las sentencias más conocidas de Platón, que gustaba a Cicerón y a mí también me agrada, dice así: «Bienaventurado aquel que aun en la vejez haya sido capaz de alcanzar la sabiduría y las opiniones verdaderas». Yo no sé si tú las encontraste en medio de la calle o si, montado en algún caballo alado, las alcanzaste antes de tiempo, pues tan repentinamente te has convertido en sabio.

GOZO   He recibido del cielo la perfección de la sabiduría.

RAZÓN   Lo admito, la sabiduría es un don del cielo, pero sin duda era un gran hombre y un gran amigo de las cosas celestiales el que dijo de ella: «Aunque ya la haya obtenido, no por eso soy perfecto».

GOZO   Logré la sabiduría con una mente afanosa.

RAZÓN   La codicia del dinero y de otras muchas cosas es mala; la codicia de la sabiduría es buena, pero falta saber si eres capaz de tal ganancia. El mismo a quien antes he mencionado dijo: «Yo no creo haberla alcanzado», y también fue un gran hombre el que, hablando con Dios de sí mismo, decía: «Tus ojos vieron mi imperfección». Esto es lo propio del hombre sabio, conocer y admitir sus imperfecciones.

GOZO   Soy llamado sabio.

RAZÓN   Ni tus opiniones ni las ajenas te harán sabio, sino la sabiduría misma.

GOZO   El vulgo me llama sabio.

RAZÓN   A su manera, el vulgo ha aprendido a llamar locos a los sabios y sabios a los locos, que es tanto como tener lo falso por verdadero y lo verdadero por falso. Nada está más apartado de la virtud o de la verdad que la opinión del vulgo.

GOZO   Todos me proclaman sabio.

RAZÓN   Esto añade algo a tu fama, pero de nada le sirve a tu sabiduría. Sin embargo, creo adivinar que das más importancia a los títulos y diplomas: hoy en día no hay nada que se entregue más libremente, pero los títulos no bastan para hacer sabios a quienes no lo son, aunque los conviertan en nobles, insignes, reverendos, ilustres y aun serenísimos, de modo que llegan a avergonzarse de un título tan simple como el de sabio. Es asombroso ver qué pocos lo merecen. Y este título ya ha quedado arrinconado por los otros de más prestigio; y quien los amontona entre sus escritos miente, pero aunque mienta quiere ser respetado. Vosotros, que leéis a esos autores falsos teniéndolos por muy próximos a la verdad, os engañáis con un error muy común. Nadie pregunta por sus propias cosas a los demás; todos creen de sí mismos lo que dicen a otros. ¿Quieres saber cuánto tienes de sabio? Vuelve la vista atrás; recuerda cuán a menudo has tropezado en esta vida, cuánto has errado, cuántas veces has caído, cuántas cosas vergonzosas, angustiosas y repugnantes has hecho, y entonces, si te atreves, llámate sabio. Pero dudo que seas tan osado.

GOZO   Yo sé que soy sabio.

RAZÓN   Quizá quieras decir instruido, porque es cierto que hay unos pocos que pueden llamarse así; pero es difícil hallar uno solo que sea realmente sabio. Una cosa es hablar sabiamente, y otra cosa es vivir sabiamente; una cosa es llamarse sabio, y otra distinta serlo. Algunos han dicho que no existe nadie sabio, y, sea verdad o no, no voy a discutirlo; es ciertamente una sentencia muy firme y severa, muy apta para la desesperación y muy contraria a la búsqueda de la sabiduría. Los judíos tienen por muy sabio a su rey Salomón, pero bien se ve su sabiduría en la multitud de esposas y concubinas que tuvo y, sobre todo, por su culto a tantos dioses falsos. Los romanos tuvieron a Lelio y a Catón por sabios. En el tiempo del esplendor de Grecia dicen que hubo Siete Sabios, y aun éstos fueron, según el parecer de sus sucesores, indignos de tal título. Algunos los excusan diciendo que no fueron ellos quienes se arrogaron tal nombre, sino que les fue atribuido por el error del vulgo. Sólo uno de ellos parece que se tuvo a sí mismo por sabio en su profesión: Epicuro, quien, a decir verdad, era el más necio de todos. El tal Epicuro quiso compartir su título con Metrodoro, a quien no debió parecerle oportuno despreciar el honroso regalo de su amigo y consintió de buen grado que lo llamasen también sabio, pues aquella gloria se debía al fin y al cabo a un error ajeno. Sócrates fue consagrado como sabio por el oráculo de Apolo; quizá fue el testimonio de un dios tan falso el que abocó a este hombre, el que más cerca estaba de ser sabio, a la locura y la soberbia.

Ya es bastante lo dicho sobre los sabios de la Antigüedad. Nuestra época es mucho más afortunada, pues no tiene uno, ni dos, ni siete, sino que en cada ciudad los sabios se cuentan a manadas, como las ovejas. Y no es extraño que haya tantos, si tan fácilmente pueden producirse. Llega a la iglesia un joven mentecato para recibir el grado de doctor; sus maestros, por amor o por error, lo esperan todo de su talento y cantan sus alabanzas; él va hinchándose con orgullo; la gente vulgar se queda pasmada; sus parientes y amigos lo aplauden, y él, invitado por fin a subir al púlpito, mirándolo todo con desprecio desde la altura, balbucea no sé qué palabras confusas. Entonces sus mayores, como si hubiese hablado el mismo Dios, lo encumbran hasta el cielo con alabanzas; voltean las campanas, suenan las trompetas, vuelan los anillos, todos se dan la paz a besos y le ponen un bonete negro en la cabeza. Hecho esto, desciende como sabio el que antes de subir estaba loco. ¡Qué extraña transformación, nunca conocida por Ovidio! Así se fabrican hoy los sabios; pero el sabio verdadero se hace de modo muy distinto.

GOZO   Soy sabio.

RAZÓN   Los que tienen de sí mismos una opinión magnífica se atreven a hacer cosas que exceden sus fuerzas, y, fracasando en pleno intento, con su peligro y vergüenza se dan cuenta de lo bien que se juzgaron. Hazme caso, pues, si te digo que es mejor que rechaces las falsas opiniones, te liberes de la arrogancia, consideres tu insensatez y desees no tener que poner nunca a prueba tu sabiduría, pues entonces verás que no había nada de que envanecerse. Éste es el camino más corto y seguro hacia la sabiduría.

GOZO   Estoy seguro de haber llegado a la sabiduría.

RAZÓN   Si haces lo que digo, antes llegarás a ella encaramándote y esforzándote que estando seguro. Nada llega más arriba que la humildad con denuedo.

LA LIBERTAD

GOZO   He nacido libre.

RAZÓN   No se llama libre el que nace con libertad, sino el que muere con ella, pues la fortuna tiene mucho poder sobre el que nace, pero ninguno sobre el que muere: asalta ciudades muy bien defendidas, desbarata ejércitos fuertemente armados, revuelve reinos poderosísimos; la única fuerza inexpugnable para ella es la sepultura, porque allí gobiernan los gusanos, no la fortuna. Así, sólo quienes entran por la puerta de la sepultura están a salvo de los sobresaltos de esta vida. Tú te vanaglorias de ser libre, y no sabes si lo serás cuando vayas, no ya al sepulcro, sino a la cama esta noche. Vuestra libertad, y todas las otras cosas en que confiáis, cuelga de un hilo tan delgado, que siempre está temblando y a punto de quebrarse.

GOZO   Soy libre.

RAZÓN   Me parece que te llamas libre porque no tienes señor. Oye, pues, lo que Anneo Séneca dice: «Aún eres joven: acabarás teniéndolo;

no sabes a qué edad comenzó Hécuba a servir, y Creso, la madre de Darío, Platón y Diógenes». Con estos ejemplos te amonesta Séneca, pero hay otros muchos que calló o que no conocía. ¿Acaso no te acuerdas de Atilio Régulo, que no mereciendo tal vergüenza al final la sufrió? Y, como es más reciente, no te habrás olvidado de Valeriano. De estos dos, el primero fue capitán, y el segundo príncipe del pueblo romano: uno fue siervo de los cartagineses y el otro de los persas; uno murió de cruel tormento y el otro envejeció en una esclavitud larga y miserable. ¿Para qué traer a la memoria reyes de Macedonia y de Numidia como Perseo, Sifax y Yugurta, pues todos pasaron de reinar en lo más alto a caer postrados en las cárceles romanas? Dejo las caídas de los monarcas antiguos. En tu tiempo has visto a algunos ir del trono a la cárcel, y a un gran rey, en apenas una hora, convertido en un siervo insignificante. Y en verdad, cuanto más feliz ha sido alguien en la libertad, tanto más desgraciado será en la esclavitud. No te ensoberbezcas porque eres libre, pues aun los reyes, y no sólo los libres, se vuelven siervos en un instante. Y no te maravilles de esto, pues según la sentencia de Platón, también los siervos pueden convertirse en reyes. Las cosas humanas cambian continuamente, y bajo el cielo no hay nada firme. ¿Quién esperará que algo permanezca entre tanto torbellino? Tampoco te debes llamar libre por no tener señor, ni por ser hijo de padres libres, ni por no haber sido apresado en la batalla ni vendido. Todos tenéis un dueño invisible de vuestras almas, y el daño está escondido desde el mismo nacimiento. Al nacer estáis constreñidos por el pecado, y no puede imaginarse una esclavitud peor. Tenéis enemigos ocultos y padecéis secretas contiendas. Estáis encadenados y señoreados por vanos placeres que engañan a vuestras pobres almas. ¡A qué vil precio las vendéis! Presumid ahora de vuestra libertad. Estáis ciegos, pues no veis nada que no sea tangible, y por eso llamáis siervo al que vive sometido a un señor mortal, y libre al que es sojuzgado por mil inmortales tiranos. En esto sucede como con todas las otras cosas, y puedes estar seguro de que no es la fortuna la que nos hace libres, sino la virtud.

GOZO   Soy libre.

RAZÓN   Si eres prudente, justo, firme, humilde, inocente y piadoso, dices bien; pero si careces de alguna de esas cosas, advierte que por esa parte eres siervo.

GOZO   Nací en tierra libre.

RAZÓN   En tu época has visto ya ciudades libres que en muy breve tiempo fueron avasalladas. Pero como las cosas antiguas son más conocidas o más claras, basta recordar que las ciudades de Lacedemonia y Atenas, antaño libres y soberanas, se vieron sometidas primero a la tiranía de sus propios ciudadanos y después a la de los extranjeros; y la ciudad santa de Jerusalén, madre de la eterna libertad, tuvo que obedecer un tiempo a los romanos y a los asirios, y ahora está sometida a los egipcios. Y la mismísima Roma, más libre que ninguna y aun señora del mundo, también fue esclavizada primero por sus ciudadanos, y después por los hombres más viles. Nadie puede estar seguro de su poder ni de su libertad.

EL PRÓSPERO NACIMIENTO

GOZO He nacido con una gran fortuna.

RAZÓN Tu vida ha comenzado con grandes cuitas. Muy propiamente llaman los marineros fortuna a la tempestad. Una gran fortuna es una gran tormenta, y requiere tanta fuerza como juicio. Tienes motivo de preocupación, no de placer.

GOZO He nacido con una espléndida fortuna.

RAZÓN ¿Crees que es mejor haber nacido en medio de un gran océano que en un pequeño río? Ningún cuerdo lo afirma. ¿Y será mayor felicidad nacer en un palacio que en una choza? La madre tierra acepta a todos los hombres, dondequiera que hayan nacido.

GOZO He nacido con gran fortuna.

RAZÓN Has levado el ancla con tiempo contrario. Procura que, después de un día tempestuoso, la noche te encuentre a salvo en el puerto.

GOZO He nacido en lo más alto.

RAZÓN Estás expuesto a inestables torbellinos y sin esperanza de poder esconderte. Así dice el poeta lírico en un pasaje muy conocido:

El pino alto es el más sacudido por el viento,
las torres altas caen con mayor estruendo,
y en la cima de la montaña hiere antes el rayo.

Hablando claro, el haber nacido en alta cuna no es cosa tranquila ni segura. La excelencia humana, por alta que sea y dondequiera que esté, es siempre incierta y se estremece con un incesante tronido, y por eso me asombra que disgustase tanto a Séneca aquello de Mecenas: «Hay truenos en las cumbres más altas». Si otros han usado esta expresión, ¿por qué se le reprocha solamente a él? Ninguna cosa está tan alta que no quede expuesta a la angustia, a las penalidades, a la envidia, al temor, a la tristeza y finalmente a la muerte. Y, la verdad, la muerte es la única que allana toda la arrogancia y alteza de los mortales.

GOZO   He nacido en una posición alta y notable.

RAZÓN   Las peores caídas son las más altas, y en alta mar rara vez se halla reposo. No temas caerte si estás abajo, ni ahogarte si estás en tierra firme.

GOZO   Mi principio fue muy afortunado.

RAZÓN   Vigila sobre todo el final, que la fortuna puede mucho en su reino, como los otros en el suyo, y así, tras el principio más afortunado viene el final más incierto. ¿No ves que las cosas humanas se voltean como un remolino, que al mar en calma le sigue una confusa tempestad y a la clara mañana una tarde nublada? Tal como el camino llano acaba en un cerro escarpado, así una calamidad inesperada sigue a la arrogancia de la prosperidad, y una muerte funesta cierra la alegre carrera de la vida, y el final es a menudo muy distinto del principio.

GOZO   He comenzado en muy alta posición.

RAZÓN   Mira cómo acabarás. Cualquier vida debe ser juzgada en su final, y ten por seguro que sentirás el fin, aunque no hayas sentido el principio.

GOZO   He nacido con una de las mayores fortunas.

RAZÓN   Ya hemos visto a los hijos de los siervos sentados en tronos reales, y a los hijos de los reyes aherrojados en calabozos.

XXV

EL JUEGO DE LA PELOTA

GOZO   Me divierte jugar a la pelota.

RAZÓN   He aquí otra necedad para vocear y dar saltos.

GOZO   Con gusto juego a menudo a la pelota.

RAZÓN   Parece que aborreces el descanso y que te procuras más fatigas. Ojalá fuesen honestas. Si buscas este juego por ejercitarte, dime qué ejercicio sería más honesto, el de arrojarte aquí y allá locamente, sin que para nada intervenga el espíritu, o un paseo sosegado en el que el movimiento del cuerpo es provechoso y el del ingenio es honesto. Esta costumbre de pasear fue tan propia de algunos filósofos, que de ella tomó su nombre la famosísima escuela de los peripatéticos. ¿Acaso prefieres imitar a Dionisio Siracusano, quien se dio febrilmente a ese enrevesado juego, que seguir a Aristóteles el Estagirita, quien se complacía con aquel reposado estudio y paseo? Bien es verdad que esa diversión de la pelota ha cautivado alguna vez a ciertos ingenios honestos y templados: Quinto Mucio Escévola, sacerdote de los augures, la practicó con maestría, y el divino Augusto, en cuanto acabaron las guerras civiles, cambió el campo de batalla por el del juego de pelota, y, según escriben algunos, también Marco Aurelio Antonio jugó muy bien; pero ni ejemplo del primero, gran letrado en el derecho, ni el de los otros dos, aunque fueran muy sabios y singulares emperadores, bastan para que pueda gustarme ese juego vocinglero y precipitado: a ningún ingenio honesto le conviene un movimiento tan brusco, especialmente si se acompaña con tan insoportable griterío.

LAS CASAS MAGNÍFICAS

GOZO   Tengo una casa magnífica.

RAZÓN   ¿Qué otra cosa puedo decir a tal propósito sino las palabras de Tulio: «La dignidad
de un hombre puede aumentarse con la de la
casa en que vive, pero no debe depender sólo
de ella; es el dueño quien ha de honrar la casa,
y no la casa al dueño»?

GOZO   Tengo una casa muy hermosa.

RAZÓN   ¿Y por qué te vanaglorias? El mérito
es de quien la hizo, y no tuyo.

GOZO   Vivo en una casa espléndida.

RAZÓN   Vives en un lugar en que caben muchos enojos: los ladrones pueden esconderse, los criados pueden lujuriar, los vagabun-
dos pueden merodear, los granujas pueden go-
rrear…

GOZO   Vivo en una gran casa.

RAZÓN   Hay una regla que conviene por igual
a las grandes casas y a las grandes ciudades, y
es que no por ser grandes se vive mejor en ellas.
Vivir bien no depende de grandes espacios, sino

de lo feliz y agradablemente que los habites. A menudo sucede que en los palacios de los reyes habitan las angustias y las penas, mientras que en las chozas de los pobres hay paz y alegría. Si bastase el tamaño o el adorno de las casas, la más noble de todas las artes sería la arquitectura.

GOZO   Vivo en una casa real.

RAZÓN   Como si la morada fuese remedio para los cuidados y las enfermedades, o como si la muerte necesitase escalas para acometer las torres más altas. ¿Acaso no estaba Tulio Hostilio en su palacio cuando lo fulminó el rayo? ¿Y no vivía en el suyo Tarquinio Prisco cuando el hacha lo mató? ¿Y Tarquinio el Soberbio cuando le arrebataron el trono? No hay lugar inaccesible al peligro ni cerrado a la muerte.

GOZO   Mi casa me pertenece en perpetuidad.

RAZÓN   Di mejor que la tienes prestada y por poco tiempo. El día de tu partida está muy cerca. Te crees un ciudadano, pero eres un forastero en una vivienda de alquiler. Y muy pronto vendrá quien te desaloje desnudo de ella.

GOZO   Mi casa es clara y espaciosa.

RAZÓN   Cuando la abandones será oscura y angosta. Y si bien la miras, incluso ahora la hallarás lúgubre, estrecha y en ruinas: de nada sirve apuntalarla continuamente, pues cada día te da señales de su caída. Esa casa no está lejos de su fin, y a ningún noble morador le gustará como hogar, pues es más bien como una cárcel: resulta odioso permanecer en ella y se desea la libertad. Ve, pues, ahora a ensoberbecerte en las casas ajenas o en tu propia prisión.

EL QUE TIENE MUCHOS LIBROS

GOZO   Tengo gran cantidad de libros.

RAZÓN   Bien está que hablemos ahora de este asunto. Unos buscan los libros para saber, y otros por deleite y por vanagloria. Son para adornar el alma, y hay quien con libros decora las habitaciones, como si se tratase de vasos corintios, pinturas, estatuas o cosa semejante. Los peores son aquellos que con los libros satisfacen su avaricia y que no los valoran por lo que son, sino que los tienen por una mercancía. Es ésta una peste muy reciente que está infectando el deseo de los ricos, de modo que la avaricia ya tiene un nuevo instrumento y una nueva artimaña.

GOZO   Tengo gran cantidad de libros.

RAZÓN   Una pesada carga, aunque sea deleitosa, y una alegre distracción del espíritu.

GOZO   Es enorme el número de mis libros.

RAZÓN   También es grande la abundancia de trabajos y la privación de reposo, pues tendrás que conducir la mente hacia aquí o hacia allá, y abrumarás tu memoria con un asunto o con otro. ¿Qué quieres que te diga? Los libros han hecho sabios a unos y locos a otros que tomaron de ellos más de lo que podían digerir. A nuestra mente, como al estómago, le hace más daño la hartura que el hambre, y el uso de los libros, igual que con la comida, se debe limitar a las necesidades de nuestra complexión. Como en todo, lo que es poco para uno es mucho para otro. En consecuencia, el hombre sabio no desea lo excesivo, sino lo necesario, pues aquello a menudo es perjudicial y esto es provechoso siempre.

GOZO   El número de mis libros es inmenso.

RAZÓN   Llamamos inmenso a lo que carece de medida. Juzga tú mismo si en las cosas humanas puede haber algo que, no teniendo mesura, resulte armonioso y proporcionado. En todas las cosas vemos que deben evitarse el exceso y la desmesura, y tener siempre ante los ojos aquello del poeta cómico: «Nada en demasía».

GOZO   El número de mis libros es incalculable.

RAZÓN   ¿Tienes acaso más que Tolomeo Filadelfo, rey de Egipto, quien, como se sabe, reunió en la biblioteca de Alejandría cuarenta mil libros, todos ellos conseguidos con enorme y prolongado esfuerzo en diversos lugares, y que ardieron en un solo día? Livio dice que fue el excelente resultado del buen gusto y el esmero de los reyes, pero Séneca lo contradice y opina que no se debe a esmero alguno, sino a una muy solícita extravagancia, y aún peor, a la mera ostentación de los tesoros hallados. Las palabras de Livio y los hechos de Tolomeo pueden justificarse de algún modo con las riquezas propias de un rey; su intención de favorecer el público provecho también es loable, si reparamos en que con gran cuidado y con mucho gasto consiguió que las Sagradas Escrituras, tan provechosas como necesarias, fuesen traducidas de las fuentes hebreas al griego por sabios muy escogidos. Pero ¿qué dirás si son los ciudadanos privados los que igualan y aun exceden la suntuosidad de los reyes? Sereno Samónico, que fue un hombre inmensamente instruido y codicioso de nuevos saberes, tuvo, según leemos, más de sesenta y dos mil volúmenes, y a su muerte los dejó a Gordiano el Joven, cuyo padre había sido uno de sus mejores amigos. Gran herencia, sin duda, y suficiente para un tropel de ingenios; pero a uno solo, ¿quién negará que lo ahogaría? Dime, te ruego: si este hombre no hiciese nada más en toda su vida, si no se ocupase en escribir nada, si no procurase leer o entender lo que tantos libros encerraban, ¿no tendría ya bastante trabajo en conocerlos, y en saber sus títulos, y los nombres de sus autores, y el tamaño y el número de los volúmenes? ¡Oh, qué hermoso menester, que convierte al filósofo en bibliotecario! Créeme si digo que esto no es alimentar el espíritu con escritos, sino anularlo y ahogarlo con su mucho peso, o atormentarlo y embotarlo con el exceso de cosas, como al sediento Tántalo rodeado de agua.

GOZO   Poseo innumerables libros.

RAZÓN   E innumerables errores, porque unos los cometen los malos y otros los ignorantes. Los del primer tipo son contrarios a la fe, a la piedad y a las Sagradas Escrituras; y los demás son contrarios a la naturaleza, a la justicia, a las costumbres, a las artes liberales y a la historia de las cosas pasadas. Unos y otros errores son al cabo contrarios a la verdad. Distinguirlos es difícil y peligroso, particularmente con los del primer tipo, pues se tratan cosas de mayor gravedad y la verdad está entreverada con la falsedad. Y aun dejando bien asentada la integridad de los autores, ¿quién podrá remediar la negligencia y la ignorancia de los copistas, que todo lo corrompen y confunden; pienso que por temor a esto muchos ingenios han renunciado a grandes obras. Triste desgracia de nuestro tiempo, negligente en las letras y solícito en la cocina, y que pone más interés en examinar a los cocineros que a los escribas. Cualquiera que haya aprendido a garabatear sobre el pergamino o a blandir la pluma, aunque carezca de conocimiento, ingenio y arte, es tenido por escribano. No me quejo de la ortografía: ya hace tiempo que está difunta. Si los copistas escribiesen tan sólo lo que se les manda, mostrarían lo poco que saben sin oscurecer la sustancia de las cosas. Pero hoy, en sus originales y en sus copias prometen escribir una cosa y escriben otra tan distinta, que ni tú mismo reconocerás lo que dictaste. Si hoy volvieran Cicerón o Livio o cualquiera de los ilustres antiguos, y sobre todos ellos Plinio el Viejo, a leer sus obras, ¿crees que las reconocerían y que no dudarían a cada paso, teniéndolas por ajenas o por bárbaras e incomprensibles? Entre las ruinas de tantas obras humanas sólo las Sagradas Escrituras quedan en pie, ya sea por el mayor cuidado de los hombres o, lo que es más cierto, porque, como su autor es

Dios, ha protegido sus textos sacros, sus historias sagradas y sus leyes divinas comunicándoles su eternidad. Todos los otros escritos, por ilustres que sean, están pereciendo o ya han perecido, y no hay remedio para tan gran pérdida, pues nadie la siente. Y no se produce tan sólo en esto, también se ignoran algunas menguas en la virtud y en las costumbres. Hay, sin embargo, daños menores que se vigilan con gran celo, mientras la decadencia de las letras es tenida por pequeña pérdida, y no falta quien la tenga por ganancia. Hace poco tiempo, y no en los campos ni en los bosques, sino, para tu asombro, en una grande y floreciente ciudad de Italia, sucedió que un noble varón, ilustrísimo entre sus ciudadanos (y no un pastor ni un labrador), juró que daría una enorme cantidad de dinero a condición de que ningún hombre de letras entrase o viviese en su ciudad. ¡Oh, palabra salida de un corazón de piedra! Está escrito que Licinio pensaba lo mismo y aborrecía las letras, considerándolas un veneno y una peste para la sociedad. Esto puede excusarse por el rústico nacimiento de quien lo dijo, pues aunque alcanzó el título de César, no pudo despojarse de su origen. Verdad es el dicho de Horacio: «La fortuna no cambia el linaje». ¿Y qué diré de vuestros nobles, que no solamente toleran la ruina de las letras, sino que la desean con vehemencia? Podéis estar seguros de que el desprecio y el aborrecimiento que sentís por ellas os hundirán en poco tiempo en el abismo de la ignorancia.

Para volver al asunto de los copistas que antes me ocupaba, basta decir que no están controlados por ninguna ley, ni aprobados por ningún tipo de examen, ni designados por selección alguna. Ni siquiera los herreros, los labradores, los sastres, ni la mayor parte de los demás oficios tienen tanta libertad, y lo que en otras materias es de pocas consecuencias, acaba siendo un grave peligro en las letras: hoy todos escriben, tanto los que saben como los que no, y aun los que estragan cuanto copian tienen asegurada una alta retribución. Cierto es que no son tan culpables los escribientes, que al fin y al cabo miran, como todos, por su provecho, como los eruditos y los administradores públicos, que se despreocupan de esos asuntos y olvidan lo que Constantino encargó a Eusebio en Palestina, que cuidase de que los libros no fuesen copiados sino por escribanos expertos en las cosas antiguas y eximios en el arte de la caligrafía.

GOZO   Tengo una enorme cantidad de libros.

RAZÓN   ¿De qué sirve si no caben en la mente? ¿Te acuerdas de aquel Sabino de quien Séneca cuenta que presumía del talento de sus esclavos? ¿Qué diferencia hay entre él y tú, salvo que tú eres aún más necio, pues él se gloriaba de sus siervos, que al fin y al cabo eran suyos, y tú presumes de la sabiduría de tus libros, en los que nada tuyo hay? Algunos piensan que saben y entienden todo lo que está escrito en sus libros porque los tienen en casa, y cuando se trata de cualquier asunto, dicen: «Ese libro está en mi anaquel», creyendo que esto basta para indicar que lo tienen en su mente. Oh, qué gentes tan ridículas, que después de confundir su biblioteca con su inteligencia callan y miran con aires de superioridad.

GOZO   Tengo gran abundancia de libros.

RAZÓN   Preferiría que abundases en ingenio, en elocuencia, en doctrina, y sobre todo en rectitud y en honestidad. Pero estas cosas no están a la venta como los libros, y en el caso de que lo estuviesen, no sé si tendrían tantos compradores. Y es que los libros adornan las paredes, y aquellas otras cosas adornan las almas, que, como no se ven, se descuidan. Si la abundancia de libros pudiese hacer a los hombres sabios y buenos, entonces los más ricos serían los más letrados y los más virtuosos. Pero lo que vemos cada día es lo contrario.

GOZO   Tengo libros que son de gran ayuda para el estudio.

RAZÓN   Asegúrate de que no sean impedimentos. Igual que un número excesivo de soldados impidió a algunos la victoria, así los demasiados libros fueron para muchos un estorbo en su aprendizaje. Es frecuente que de la abundancia nazca la escasez. Si de todos modos consigues muchos libros, no deben ser menospreciados: guárdalos, usa los mejores y ten a mano los que con el tiempo te pueden aprovechar, evitando que te perjudiquen si no es el mejor momento para leerlos.

GOZO   Tengo muchos y muy diversos libros.

RAZÓN   Los muchos caminos a menudo engañan al caminante, y el que iba seguro por un sendero, dudará ante un desvío, y mucho más si topa con tres o con cuatro. Del mismo modo, quien leyendo un solo libro pueda hallar gran provecho, quizá revuelva muchos sin obtener ningún fruto. La diversidad estorba a los que estudian; a los que ya saben les basta con poco, y el exceso no es bueno ni para unos ni para otros. Verdad es que los hombros más recios soportan mejor la carga.

GOZO   He reunido gran número de libros excelentes.

RAZÓN   Que yo sepa, nadie alcanzó la excelencia por el número de sus libros, salvo aquel rey de Egipto de quien ya he hablado, y aun éste no debe tanto su fama a la riqueza de su biblioteca cuanto a la célebre traducción: fue sin duda un logro maravilloso de muchos ingenios, si después la de uno solo no fuera mayor milagro. Si quieres vanagloriarte de tus libros, sigue otra vía: no te precies de tenerlos, sino de entenderlos; no los guardes en tus anaqueles, sino en tu memoria; no en tu biblioteca, sino en tu entendimiento. De otro modo, nadie merecería más la fama que el librero que los vende o el armario que los contiene.

GOZO   Guardo muchos libros excelentes.

RAZÓN   Tienes muchos prisioneros. Si pudiesen liberarse y hablar, te llevarían a juicio por haber construido una cárcel privada. Pero así, callados, lloran por muchas cosas, y especial-

mente por el hecho de que un avariento indo-
lente posea en tanta abundancia aquello de lo
que carecen muchos estudiosos esforzados.

LA FAMA DE LOS QUE ESCRIBEN

GOZO   ¿Qué dirás si soy yo mismo quien compone los libros?

RAZÓN   Ésa es una enfermedad corriente, contagiosa e incurable. Todos se arrogan el oficio de escritor, que es propio de muy pocos. El afecto de este mal contagia a muchos, porque es fácil envidiar a alguien, pero muy difícil alcanzarlo. Por eso crece cada día el número de los enfermos y aumenta con ello la fuerza de la infección. Cada día hay más escritores y cada día escriben peor, porque es más fácil seguir que superar. Muy a propósito, y además comprobado por la experiencia, es aquel dicho del sabio de los judíos: «La composición de libros no tiene fin».

GOZO   Escribo.

RAZÓN   Ojalá fuese posible que los hombres no excediesen sus limitaciones ni el orden natural, tantas veces confundido por la necedad humana. Ojalá escribiesen solamente los que saben y los que pueden, y los demás leyesen u oyesen. Hoy en día el deleite de entender parece muy pequeño para el alma, a no ser que la mano agarre con presunción la pluma; y cualquiera que cree haber entendido una porción minúscula de un libro, enseguida se cree capaz de escribir otros. Ojalá quedasen grabadas en la memoria unas palabras de nuestro Cicerón al principio de sus *Tusculanas*, para que en tan destacado lugar no quedasen escondidas: «Es posible—dice—que un autor entienda algo correctamente y sea incapaz de explicarlo en un estilo esmerado, pero escribir los pensamientos sin ordenarlos ni expresarlos claramente, ni deleitar de algún modo a quien lo lee, es propio de un hombre que hace un pésimo uso de su ocio y de su pluma». Estas palabras de Cicerón son muy verdaderas. Sin embargo, hoy es ya tan corriente este mal uso, que no hay nadie que deje de creer que a él estaba destinado aquel mandato para el santo desterrado, que no tomó sus pensamientos de los secos arroyos, sino de la fuente de la verdad: «Escribe». Y todos los que se burlan de los otros mandamientos acatan, en cambio, éste, porque todos escriben. Si ya hemos visto que son un peligro quienes transcriben libros ajenos, mucho más lo son quienes escriben sus propios libros e invaden el mundo con doctrinas dudosas y estragadas, o (y este mal es menor) nos aturden con un estilo torpe y desabrido, de tal manera que, aunque en alguno no falte el ingenio, no podrá evitarse la pérdida de tiempo y la mortificación de los oídos. Éste y no otro es hoy el fruto de vuestras invenciones: corromper o afligir, pero nunca, o muy raramente, contentar. Sin embargo, todo el mundo está ocupado escribiendo libros. En ninguna otra época ha habido tanta abundancia de escritores y comentaristas, ni tanta falta de hombres sabios y elocuentes. Cicerón explica en el mismo lugar lo que sucede con este tipo de libros: «Se leen en círculos de amigos, y fuera de ahí no los entiende nadie, salvo el que ha tenido el privilegio de pergeñarlos». En tiempos de Cicerón esto no era muy común, pero ahora es frecuentísimo. Todos los entienden porque todos tienen ese mismo privilegio. Unos a otros se animan y se fuerzan a garabatear necedades, unos a otros se alaban y se jactan de los elogios de otros, a su vez alabados falsamente. De aquí viene la osadía y la confusión de nuestros escritores. No te ufanes demasiado por escribir libros.

GOZO   Escribo libros.

RAZÓN   Mejor harías en leerlos, y mucho mejor sería si convirtieses lo leído en una buena norma de vida. El conocimiento de las letras sólo es útil si se pone en práctica y se confirma con obras, no con palabras. De otro modo, muchas veces se confirma, como está escrito, que el conocimiento hincha de vanidad. Entender con claridad y prontitud muchas e importantes cosas, recordarlas con seguridad, contarlas de modo brillante, escribirlas con arte y declamarlas placenteramente, si todas estas cosas no tienen aplicación a la vida, ¿qué son sino instrumentos de una vacua petulancia, qué son sino trabajo y ruido sin provecho?

GOZO   Escribo libros.

RAZÓN   Te resultaría de más provecho arar, pastorear, tejer o navegar. Muchos que nacieron dotados para las artes mecánicas quieren ser filósofos *contra natura*; y al revés, la fortuna ha convertido en labradores, pastores, oficiales o marineros a muchos que nacieron aptos para la filosofía. Por eso se maravillan quienes ignoran la causa de que en el mar o en el campo, en los bosques o en los talleres, se encuentren agudos y elevados ingenios, y de que en las escuelas abunden los ignorantes y los torpes. Es enormemente difícil contrarrestar y vencer a la naturaleza.

GOZO   Escribo con ardor.

RAZÓN   Mucho más ardorosamente escribieron los autores del pasado, y su anhelo se extinguió de tal modo que no sabríamos que escribieron si otros no lo hubiesen dejado por escrito. Ninguna obra humana puede durar para siempre: una labor mortal no puede producir algo inmortal.

GOZO   Escribo mucho.

RAZÓN   Mucho más escribieron otros. ¿Quién puede contar los libros de Cicerón o de Varrón, las obras de Tito Livio o de Plinio? Se dice que hubo un griego que compuso seis mil libros. Si esto es verdad, ¡qué espíritu tan ardiente y qué ocio tan fecundo! Si ya es difícil escribir uno, dos o pocos libros más, la posibilidad de que un hombre solo haya escrito tantos miles es más para maravillarse que para ser creída. Pero lo dicen autores tan importantes, que es difícil no darles fe, y además aseguran que no solamente los vieron o los oyeron referir, sino que los leyeron. Si ya es asombroso que alguien los haya leído, ¿no lo es todavía más que un solo hombre los haya escrito? Llevaría mucho tiempo nombrar a vuestros escritores latinos, y a los griegos, y enumerar las obras que escribieron. Ninguno de ellos fue completamente afortunado como escritor: de uno se han perdido algunas obras, de otro muchas y de otro todas. Mira, pues, qué puedes esperar de las tuyas.

GOZO   Escribo y éste es mi único deleite.

RAZÓN   Si lo haces para ejercitar el ingenio, para aprender o para enseñar, para evadirte de los malos tiempos y escapar del fastidio presente con la memoria de las cosas pasadas, entonces tienes mi disculpa. Pero si lo haces para aliviar una secreta e incurable compulsión a la escritura, entonces te compadezco. Por si no lo sabes, hay algunos que escriben sólo porque no pueden dejar de hacerlo, como quien corre cuesta abajo, que no sabe cómo parar.

GOZO   Es muy fuerte mi urgencia de escribir.

RAZÓN   Hay innumerables maneras de locura. Unos tiran piedras, otros escriben libros. Para unos, escribir es el principio de su locura; para otros, el final.

GOZO   He escrito y sigo escribiendo mucho.

RAZÓN   Si lo haces para el provecho de los que vendrán, no hay nada mejor; si sólo buscas honra para ti, nada puede ser más vano.

GOZO   He escrito muchas cosas.

RAZÓN   ¡Oh, descubierta locura! ¡Y nos asombra que el papel esté cada vez más caro!

GOZO   Escribo y espero ser famoso.

RAZÓN   Ya te he dicho que mejor harías en cavar o arar esperando la mies. Es más seguro sembrar en la tierra que en el viento. El deseo de fama y el empeño en escribir ha reportado gloria a unos pocos, pero son incontables los que han llegado a la vejez pobres, locos y desnudos, como ridículos charlatanes para la mofa del vulgo. Advierte que mientras escribes pierdes un tiempo precioso para invertirlo en otros menesteres. Pero vosotros, locos desatinados y enajenados, os dais cuenta demasiado tarde, cuando os despiertan la vejez y la pobreza.

GOZO   A pesar de todo, escribo deseando la fama.

RAZÓN   Extraño anhelo el que lleva a esperar tan sólo viento. La verdad, yo creía que únicamente lo deseaban los marineros.

LA AMISTAD CON REYES

GOZO   He logrado la amistad de reyes.

RAZÓN   La amistad es rara entre los hombres corrientes, ¿y tú crees tenerla con reyes, que, por el esplendor de su fortuna y la altivez de su alma, desprecian a quienes no son sus iguales?

GOZO   Soy querido por reyes.

RAZÓN   Tienes en poco el alma, la virtud, la fama, la paz, el sosiego y la seguridad. Es bien sabido que acostumbran a amar tan sólo a quienes menosprecian todas estas cosas para hacerse siervos de su crueldad, de su lujuria y de su avaricia. Si los reyes te aman, ya no hay más que decir: para ti mismo eres vil y aborrecible.

GOZO   Por mi bondad y mi virtud soy amado por reyes.

RAZÓN   ¿Y qué dirás a lo de Salustio: «Los reyes sospechan más de los buenos que de los malos y tienen mucho miedo de la virtud ajena»?

GOZO   Mi rey me aprecia por mis buenas artes.

RAZÓN   Dime por cuáles: ¿por la caza o la cetrería, sobre las cuales ya sabes mi opinión?

Quizá se trate del ejercicio de la caballería, que no merece tal nombre si no se adorna con mucha sangre y con grandes peligros, pues de lo contrario recibe el nombre de cobardía, y no sólo a juicio de los reyes, sino de la vulgar gente.

GOZO   El rey me ama por mis buenas artes.

RAZÓN   ¿Por vanidad o por osadía? ¿O será quizá por crímenes enormes como el homicidio, la hechicería, la alcahuetería, la traición, la lisonja y la mentira, pestes tan repugnantes como frecuentes, y además toleradas por la costumbre en nombre de la cortesía? Éstas son las facultades más apropiadas para complacer a los reyes: nada es más odioso para ellos que la virtud y la sabiduría. En estas dos últimas no cabe el amor de los reyes; sólo causan su aborrecimiento. En fin, que pocas veces hay paz entre la sabiduría y la fortuna.

GOZO   Me engrandezco cerca del rey.

RAZÓN   ¿Eres mayor que Lisímaco con Alejandro? ¿Mayor que Sejano con Tiberio? Conoces la grandeza y la desgracia de ambos, aunque los historiadores difieren a propósito del primero. Dejo fuera a otros, porque la lista sería muy larga.

GOZO   Soy amado por mi rey.

RAZÓN   Sería mejor para ti que no te conocie-
se, y mejor aún que te aborreciese, porque evi-
tarías el peligro en que ahora te hallas. Para las
aves es mucho peor el halagüeño reclamo del
cazador, que el estrépito del labrador que las
espanta.

GOZO   Soy amado por mi rey.

RAZÓN   En algunos reyes no se sabe qué es más
peligroso, que te ame o que te odie. Son peores
que las serpientes, pues éstas llevan el veneno mezclado con el remedio, y en ellos todo es
nocivo y venenoso. Da lo mismo si odian o si
aman, pues con el odio te ahuyentan y con el
amor te retienen. En suma, no hay nada menos
seguro ni más peligroso, aparte del mismo oficio de rey, que el amor de los reyes. Sé bien que
es un peligro deseado en vano por muchos, y a
menudo buscado y comprado a muy alto precio. Ésta es la costumbre de los hombres: ad-
quirir un peligro con otros muchos, y el mayor de todos con un riesgo extremo. Ya ves qué
maravilla: menospreciáis el mayor de los bienes, que nada os cuesta, y perseguís con grandes males el mayor de todos ellos.

GOZO   Espero ser amado por mi rey.

RAZÓN   Repara en qué es lo que esperas: tie-

ne un frágil, inestable y caduco fundamento.
Así lo muestran las muchas caídas de los reyes.
¿Qué otra cosa es su vida triste y angustiada,
sino un loco remolino, turbulento y sin pausa?
Mira bien dónde levantas tu edificio, que, como
la fortuna, la voluntad de los reyes es capricho-
sa e incierta. Y aunque ellos fuesen constantes,
en tu deseo hay poco bien y mucho mal.

GOZO   Me he ganado la amistad del rey con
mucho esfuerzo y peligro.

RAZÓN   Mucho más segura y fácilmente podrías haber conseguido la amistad del rey de
todos los reyes.

L

LA ABUNDANCIA DE AMIGOS

GOZO   Tengo muchos amigos.

RAZÓN   Me maravilla que tengas en abundancia lo que todos los demás tienen en gran escasez, pues a través de los tiempos sólo se recuerdan unos pocos casos de amigos que lo fuesen de verdad.

GOZO   Tengo muchas amistades.

RAZÓN   Serán falsas. La amistad verdadera es tan rara, que quien en toda su larga vida halló un amigo cierto puede ser tenido por el más hábil mercader de tan preciada mercancía.

GOZO   Soy feliz con mis amigos.

RAZÓN   Eso no puedes saberlo, a no ser que en otras cosas seas desventurado. Gran verdad es este dicho: «El hombre feliz no sabe si es amado».

GOZO   Estoy seguro de que mis amistades son ciertas.

RAZÓN   Entonces es cierta tu adversidad, pues también es exacto aquello de que «El amigo verdadero se conoce en la adversidad».

GOZO   Tengo muchos amigos.

RAZÓN   Deja este juicio a la experiencia y no a la opinión, que en tantas otras cosas te defrauda, y verás que tienes menos amigos de los que piensas.

GOZO   Tengo una gran cantidad de amistades.

RAZÓN   Evita en todo lo superfluo. El que tiene lo suficiente no necesita más.

GOZO   Tengo un largo número de amigos.

RAZÓN   En un ilustre historiador puedes leer que el pueblo romano nunca lo consiguió, ni siquiera en su edad más floreciente. Ningún mortal podrá lograrlo.

GOZO   Tengo muchas amistades.

RAZÓN   Ya te he dicho que casi todas serán fingidas o imperfectas, como dicen los filósofos. Es posible que rías con un amigo y que llores con otro; y que, si se despierta algún conflicto entre ellos, sea preciso cortar la amistad por una o por las dos partes.

GOZO   Tengo muchos amigos que me dan provecho y deleite.

RAZÓN   Ya veo que te rebajas hasta las amistades vulgares, que en verdad tampoco pueden ser muchas, y menos a la vez, porque ofrecerte y corresponder a muchos y tratar familiarmente con todos es muy trabajoso, especialmente si se tiene el espíritu empeñado en alguna labor exigente.

GOZO   Tengo amigos que me dan provecho y deleite.

RAZÓN   La amistad basada en el deleite o en el provecho no puede ser firme, pues cuando existen el uno o el otro, las amistades flojean, y cuando se acaban cesa también la amistad. Además de posible y fácil, esto es casi necesario e inevitable: el placer y el provecho van siguiendo a la fortuna, a la edad o a la hermosura, que son todas cosas muy inciertas; en cambio, las amistades que se fundamentan en la virtud son inmortales, porque la virtud, por decirlo con Aristóteles, es firme y resistente, y tan duradera que no puede morir. Por eso a los que amamos por su virtud los seguimos amando después de su muerte.

GOZO   Si no me engaño, tengo amigos fieles.

RAZÓN   Ojalá no te engañes, y no quieras averiguarlo: en esas cosas, lo que el hombre piensa que es dulce, la experiencia lo demuestra amargo.

GOZO   Creo que tengo buenos amigos.

RAZÓN   Examina con cuidado por qué razón

lo crees y, ante todo, cuánto los amas tú. Hay muchos que no aman y creen ser amados, y no puede haber un pensamiento más estúpido. Éste es un error muy común entre los ricos, pues creen que el amor se compra con dinero, pero no se consigue sino con otro afecto igual. El corazón honesto es lo mejor que hay, y no puede conquistarse con pócimas, filtros u otras hechicerías, ni con el oro o las piedras preciosas, ni siquiera con el hierro de la espada. Sólo se gana con amorosa dedicación. Una sentencia muy conocida del filósofo griego Hecatón, que complace a Séneca y también a mí, dice: «Si quieres ser amado, ama». Sin embargo, también esto es a veces inútil, porque son tan secretos, profundos e inescrutables los sentimientos de los hombres y tan venenosos, crueles e implacables los corazones de algunos que menosprecian a quien los venera y odian a quien los ama. Ni siquiera reconocen el afecto sincero que les tienen, cosa que saben hacer incluso las bestias más feroces. ¡Notable crueldad, que el afecto sea denigrado y que el amor engendre odio! Éste es uno de los más peligrosos y graves males que acechan a la fatua condición humana.

GOZO   Creo que tengo muy buenos amigos.

RAZÓN   La bondad es el título propio de la amistad; el entendimiento lo sabe, aunque no lo manifieste con palabras. Por eso podrías haber sido más sucinto: di sólo «amigos» y se entenderá que han de ser buenos.

GOZO   Creo que tengo amigos.

RAZÓN   Procura no equivocarte, no sea que la experiencia te obligue algún día a pensar lo contrario. El hombre no puede escudriñar los secretos del alma. Hoy el vino te procura amigos, y mañana las lágrimas te los dan a conocer: lo que debía suceder al principio se produjo al final.

GOZO   Tengo muchos amigos por mi situación.

RAZÓN   Supongo que tu situación es próspera, porque así suele ocurrir. Aunque siempre es necesario tener amigos, quienes los tienen en mayor número son los que carecen de necesidades en los otros aspectos: como en todo, la escasez va acompañada de la escasez y la abundancia va de la mano de la abundancia. Si te empobreces, los amigos menguarán hasta extinguirse; entonces podrás descubrir la amistad verdadera y saber quién era amigo tuyo y quién de tu fortuna: cuando acabe tu riqueza, tus amigos te seguirán a ti; los amigos de tu prosperidad se irán a buscarla a cualquier otra parte. No te extrañe que al vaciarse el vaso se vayan aquellos que sólo buscaban el dulzor del vino. La adversidad ahuyenta al amigo fingido como la hez al buen bebedor.

GOZO   Me parece que tengo innumerables amigos.

RAZÓN   Dices bien: «Me parece». No sé de dónde viene este parecer, pues siendo tan pocas las amistades verdaderas, es raro que las tuyas sean tantas. En primer lugar, tienes que entender que la verdadera amistad sólo existe entre los hombres buenos; si después te pones a contar cuántos hay, estarás en condiciones de saber cuántas son las amistades verdaderas, y no digo las tuyas, sino las de todo el género humano.

GOZO   Tengo un buen número de amigos.

RAZÓN   Di mejor conocidos, y aun así, será dudoso que lo puedas afirmar. No hay criatura viviente ni mercancía más difícil de conocer que el hombre.

GOZO   Tengo muchos amigos.

RAZÓN   Quizá hayas querido decir compañeros de mesa o invitados, que mientras tengas provisiones no te faltarán. Pero amigos tendrás siempre pocos y habrá momentos en que no tengas ninguno, y lo peor es que muchas veces el enemigo se arroga el título de amigo, de modo que la traición se esconde en tu casa bajo el velo de una fingida amistad.

GOZO   Tengo más amigos de los necesarios.

RAZÓN   A todos les hacen falta los amigos, y especialmente a los poderosos, porque necesitan que alguien les diga la verdad entre tantos lisonjeros. Por eso el enemigo manifiesto puede ser más provechoso que el amigo fingido.

GOZO   Tengo muchos amigos.

RAZÓN   Créeme si te digo que los necesitas. El mundo sería más justo y pacífico si hubiese tantas amistades como se dice.

GOZO   Tengo un amigo.

RAZÓN   Gran cosa has dicho. Nada es más amado que un amigo; nada más escaso.

LA ABUNDANCIA DE RIQUEZAS

GOZO   Tengo muchas riquezas.

RAZÓN   Ahora entiendo que dijeses tener muchos amigos, porque las casas de los ricos siempre han estado llenas de amistades corrientes y fingidos servicios.

GOZO   Tengo gran cantidad de riqueza.

RAZÓN   Es una dudosa y pesada prosperidad que acarrea más envidia que placer.

GOZO   Reboso de riquezas.

RAZÓN   No rebosarás de sosiego ni de alegría. Apenas hallarás un rico que no te confiese que viviría mejor con una mediana hacienda y aun con una honesta pobreza.

GOZO   Han aumentado mis riquezas.

RAZÓN   Y han disminuido tu seguridad, tu placer y tu reposo: si estas cosas aumentasen con el dinero, no sólo consentiría que se persiguiese la riqueza, sino que lo aconsejaría.

GOZO   Tengo muchas riquezas.

RAZÓN   Tienes algo que se gana con dificultad, se conserva con angustia y se pierde con tristeza.

GOZO   Tengo grandes riquezas.

RAZÓN   Si las gastas se acabarán, y si las guardas no serás rico y estarás siempre afanado; no serás su dueño, sino su guardián.

GOZO   Tengo grandes riquezas.

RAZÓN   Procura que no sean ellas las que te tienen a ti. Quiero decir que te pertenezcan y que te sirvan ellas a ti y no tú a ellas, porque has de saber que son muchos los poseídos por las riquezas y muy pocos los que de verdad las poseen, como aquellos a los que el profeta condena llamándolos varones de riquezas y no riqueza de varones. Es tal vuestra codicia y cortedad de alma, que de señores os hace siervos. La verdad es que las riquezas son para comprar lo necesario a nuestra naturaleza, que se conforma con unas pocas cosas muy sencillas y muy fáciles de obtener. Las demás son una carga innecesaria y excesiva, y ya no pueden llamarse riquezas, sino nudos o grilletes, y tampoco son adornos del cuerpo, sino lastres del alma y rimeros de angustias.

GOZO   Estoy lleno de riquezas.

RAZÓN   Vigila que no vayas a reventar, pues todo lo que está lleno busca por dónde hacerlo. La abundancia de riqueza les causó a muchos la muerte y a casi todos les quitó la tranquilidad.

GOZO   Tengo inmensas riquezas.

RAZÓN   Eso es algo muy contrario a las buenas costumbres. La mucha riqueza no sólo ha corrompido a hombres particulares, sino a pueblos enteros como el romano, debilitando su excelsa virtud: sólo fue justo e íntegro mientras fue pobre, y si en la pobreza venció a los demás pueblos y se venció gloriosamente a sí mismo dominando los vicios, después fue vencido y abatido por la riqueza. Así son las cosas: mira tú qué puedes esperar de tus riquezas.

GOZO   Abundo en riquezas.

RAZÓN   Cuánto más querría que abundases en virtudes.

GOZO   Gozo entre mis riquezas.

RAZÓN   Estás adormecido o desamparado entre espinas. Muy pesado sueño es ese que no siente los aguijones, pues habrá quien te despierte un día e ilumine mejor que el mismo sol lo que está escrito: «Todos los ricos durmieron su sueño y no hallaron nada en sus manos».

LAS MONAS DE COMPAÑÍA

GOZO   Tengo una mona que me divierte.

RAZÓN   Es un animal muy sucio y de tristes actos, que sólo da fastidio y que vuelca o rompe todo lo que halla en la casa. Si te gustan esas cosas, entonces tu mona es ciertamente agradable. Cicerón la llama bestia monstruosa, y cuenta, entre otras cosas de maravilla, que derramó el cántaro que contenía las suertes; con razón se burla aquel varón sapientísimo de los historiadores griegos que interpretaron el hecho como un pésimo augurio, cuando lo extraño es que la mona no esté rompiendo y derramando continuamente todo lo que encuentra.

GOZO   Tengo muchos animales alegres.

RAZÓN   No puede una misma cosa ser alegre y triste, y aparte de que en la tristeza no cabe alegría, debe evitarse todo aquello que perturba los ojos, los oídos, la nariz y el espíritu: muy estragado está el gusto que ama las cosas amargas. Pero vosotros tenéis la costumbre de deleitaros con lo disforme, de modo que no sólo regaláis animales sucios y feos, sino que, lo que es peor, con ello hacéis que los hombres se vuelvan también sucios y detestables. Cuanto más disforme es una cosa, más os gusta y mejor la aceptáis. He aquí una regla universal en todos vuestros asuntos: así es vuestra pasión, así os criais, éste es vuestro designio y ahí está la gloria de vuestro ingenio.

LXVI

LA ESPOSA BELLA

GOZO   Me casé con una mujer hermosa.

RAZÓN   Diste con un grave peligro. Ten cuidado, porque ya te he dicho que es difícil de guardar aquello que es deseado por muchos.

GOZO   La hermosura de mi mujer es excelsa.

RAZÓN   Suele suceder que la hermosura del cuerpo se complace con lo semejante y aborrece lo contrario. Si tú eres tan hermoso y proporcionado como tu mujer, tendrás que sobrellevar infinitas caricias, y si no, serás aborrecido. Las dos cosas son igualmente molestas.

GOZO   Grande es la hermosura de mi mujer.

RAZÓN   Entonces será grande su soberbia, pues nada hincha y envanece tanto el espíritu humano como la hermosura del cuerpo.

GOZO   La hermosura de mi mujer es enorme.

RAZÓN   Procura que su castidad no sea pequeña, pues, como dice el poeta satírico: «Pocas veces van juntas la hermosura y castidad»; y si así fuera, ¿quién aguantará a diario su desmedida soberbia y sus enojosos caprichos?

GOZO   Mi esposa es extremadamente bella.

RAZÓN   Tienes en casa un lujoso y molestísimo ídolo. Cada día verás vestidos nuevos y extraños, tendrás que alabar su aspecto y decir que todo le sienta bien, ponderando el versátil ingenio del artífice. ¡Acabarás llamando ganancia a lo que provoca la mengua de tu patrimonio!

GOZO   Tengo una mujer muy hermosa.

RAZÓN   Tienes un ídolo belicoso y soberbio: lo adorarás de rodillas, lo ensalzarás como un enajenado, lo venerarás con el embeleso de un devoto. Ata, pues, tu cuello a su yugo y, satisfecho con la hermosura de tu esposa, olvídate de todos los otros detalles y aun de tu propia libertad. Guárdate de alabar a cualquier otra mujer, no dejes nunca de mirarla, nunca la halagues menos que de costumbre ni te muestres menos loco por ella. Cualquier minucia que pretendas indicarle o afearle la tendrá por una afrenta perversa. En fin, vive según la voluntad de tu esposa: contémplala e idolátrala sin descanso, más como sirviente que como marido. Todo esto tendrás que hacer si esperas estrechar por algún tiempo a tu bella compañera, gozar la suavidad de su piel y tener hijos de su lustroso vientre, sublime fruto de un hermoso árbol.

GOZO   Tengo una mujer hermosa.

RAZÓN   Dulce veneno, doradas cadenas, resplandeciente servidumbre.

GOZO   Me complazco con la hermosura de mi mujer.

RAZÓN   Breve y vano placer. Nada es más huidizo que la hermosura, especialmente en la mujer. Quien ama a su esposa por la hermosura, pronto la aborrecerá.

LXIX

EL AMOR PLACENTERO

GOZO   Gozo de amores placenteros.

RAZÓN   Te agobian placenteras insidias.

GOZO   Ardo de amor placentero.

RAZÓN   Bien dices: ardo. El amor es, en efecto, un fuego escondido, una herida agradable, un veneno sabroso, una dulce amargura, una enfermedad deleitosa, un suplicio alegre y una muerte apacible.

GOZO   Amo y soy amado.

RAZÓN   Puede que sepas lo primero, pero lo segundo es incierto, a no ser que aportes como testimonio las palabras que de noche ha murmurado una mujercilla.

GOZO   No hay duda de que soy amado.

RAZÓN   Por lo que veo te ha persuadido, y no es gran cosa persuadir a quien desea que lo persuadan: todo enamorado es ciego y crédulo. Pero si quieres que se preste fe a los juramentos de amor, deberías aportar un documento de tu enamorada, escrito por su mano sobre hielo quebradizo y con el austro como testigo. No

seas loco, no creas nunca a una mujer, especialmente si es impúdica: el sexo, el ardor, la liviandad, el hábito de mentir, el interés por engañar
y el fruto del engaño, cada una de estas cosas, y
mucho más todas juntas, hacen que resulte sospechoso cuanto sale de su boca.

GOZO   Amo lo que con razón me deleita, y ardo
dulcemente.

RAZÓN   ¿Esperas oír de mí lo que dijo el maestro del amor: «Que goces felizmente de tu ardor y navegues con viento favorable»? Eso
sólo vale como deseo, no como consejo. Yo te
aconsejo que, cuanto más dulcemente ardas de
amor, con mayor cautela te guardes de su fuego.
Los males resultan peligrosísimos cuando son
placenteros, y a menudo esa dulzura se vuelve
áspera, con un final terrible.

GOZO   Amo y soy amado.

RAZÓN   Aunque así sea, ¿qué es eso sino una
doble atadura? Cuanto más estrecho es el nudo,
más difícil es desatarse. Mejor esperanza tendría de ti si amases sin ser amado. Cierto es que
algunos dicen que son igualmente nocivos los
amores fáciles y los difíciles, porque si la facili-
dad cautiva al corazón, la dificultad lo paraliza;
pero yo pienso que nada nos empuja con más

fuerza a amar que ser amados, y, al contrario, que nada nos puede alejar más del amor que saber que no somos amados y creer que no lo seremos nunca. Sin embargo, no es fácil que esto llegue a creerlo la mente enceguecida y apasionada de quien ama, pues figura entre aquellos de quienes se ha escrito: «Los enamorados fabrican sus propios sueños».

GOZO   Amo y gozo de mi amor.

RAZÓN   El que no advierte lo que le daña es un necio; el que goza con su daño, un loco.

GOZO   Confieso que el amor me resulta deleitable.

RAZÓN   Preferiría que te resultase odioso y molesto: así podrías huir antes del mal y tendrías más cerca la esperanza de la curación. Ahora el deleite alimenta la enfermedad: mal querrá sanar quien goza con su dolencia.

GOZO   Como quieras, pero para mí el amor es algo noble.

RAZÓN   Cada uno dice lo que piensa, y yo veo en el amor una servidumbre y una flaqueza que ablanda y debilita a los hombres más fuertes. Diré algo que nadie ignora, pero que nadie oirá sin maravillarse, pues la memoria de las cosas grandes admira incluso a quien las conoce.

No creo necesario, ni posible, repasarlas todas; acuérdate de los dos excelentísimos generales de los dos pueblos más famosos del mundo entero: Julio César, vencedor en la Galia, Germania, Bretaña, Hispania, Italia, Tesalia, Egipto, y después en Armenia, en el Ponto, en África y de nuevo en Hispania, y que al cabo, tras tantas victorias, fue vencido en Alejandría por el amor de una reina; y Aníbal, vencedor junto al Ticino y el Trebia, el Trasimeno y en Cannas, y que, aunque estaba destinado a ser vencido en su propia patria, fue antes sometido en Apulia, para que su yerro fuese más inexcusable, por el amor de una ramera. ¿Cuánta te parece la fuerza de este mal que con un ligero golpe quiebra ánimos tan duros y pechos tan recios, y que con lazos sutilísimos sujeta unos pies tan ligeros y unos brazos tan vigorosos? Dejo aparte casos fabulosos pero verdaderos: Júpiter trasformado en animales diversos, Marte atrapado con ataduras ridículas, Hércules hilando en la rueca con sus dedos robustos; y están, además, los que perecieron: Leandro en las aguas, Biblis a fuerza de llorar, Procris con el puñal de su marido, Píramo con su propia espada, Ifis ahorcado; y dejo también lo que es más cierto y conocido: los generales de Grecia combatiendo por amor, y Troya consumida por las llamas del incendio famoso. Aparte de todos estos casos y otros mil semejantes, los dos que he referido al principio bastan para probar lo que decimos por la importancia de sus nombres y su autenticidad histórica.

GOZO   Amo. ¿Qué dirás del odio, si al amor condenas?

RAZÓN   Tal como los concibes, los condeno por igual, y no llamaré buena a una cosa sólo porque su contrario sea malo. Dos extremos que distan lo mismo del centro, que es la virtud, son igualmente malos.

GOZO   ¿Entonces es malo el amor? Pues te confieso que no encuentro nada mejor que este mal.

RAZÓN   Lo creo, lo creo, si así lo afirmas; pero tu opinión no cambia los hechos.

GOZO   Que odien quienes encuentren placer en ello; yo amaré.

RAZÓN   Tanto el odio como el amor son cosas indiferentes: como es igualmente loable odiar el vicio y amar la virtud, así resulta condenable por igual odiar la virtud y amar el vicio. En suma: difícilmente hallarás una cosa que, siendo digna por sí misma de alabanza o de infamia, con unos pocos añadidos no cambien su lugar la alabanza y el vituperio. Mira bien, pues, lo que amas.

GOZO   ¿Qué he de amar, sino lo mismo que los demás?

RAZÓN   No todos aman lo mismo. Los hubo que amaron a Dios con tanto empeño, que por ese amor se consideraron afortunados de sacrificarse a sí mismos, sus vidas, todo. Los hubo que, sin tan altas aspiraciones, hicieron lo mismo por la mera virtud o por la patria. Te los enumeraría, si no fuesen innumerables.

GOZO   Yo nunca he estado en el cielo ni he visto jamás la virtud: amo lo que puede verse.

RAZÓN   Si sólo amas lo que puede verse, es que no amas nada grande. ¿Por qué te opones a aquel conocidísimo precepto: «No améis lo que se ve, sino lo que no se ve, porque las cosas visibles son perecederas y las invisibles son eternas»? Pero vosotros, que sois ciegos de espíritu y confiáis en vuestros ojos, no sois aptos para amar lo eterno, y ni siquiera para comprenderlo; seguís aquello que ha de perecer con vosotros y, cubriendo los deseos vergonzosos con un velo de honestidad, llamáis amor a la lujuria, lo adoráis y hacéis de él—si puede decirse—un dios para que perdone vuestros yerros, pues ni el cielo basta a cubrirlos. ¿Cómo va a ser injusto, si su autor es un dios? Id, pues, erigid a vuestro dios un altar y quemad incienso: él os llevará a lo más alto del cielo, o, lo que es más cierto, el Dios del cielo os hundirá a vosotros y a él en el Tártaro.

GOZO Das en calumniar lo que no son más que juegos de juventud. Amo: perdóname.

RAZÓN Si se ha de pedir perdón al ofendido, pídetelo a ti mismo. A ningún otro dañas sino a ti, y mira, desventurado, entre qué escollos conduces tu frágil barquilla.

GOZO Me complace vivir así, y no entiendo qué me lo impide.

RAZÓN Es triste pecar, y aún más triste deleitarse con ello, y es una enorme desventura amar y excusar el pecado, pero la desgracia mayor se consuma cuando a la búsqueda del placer se añade una supuesta honestidad.

GOZO Amo, y no puedo ni quiero hacer otra cosa.

RAZÓN ¡Claro que podrías, si quisieses! Y quizá con el paso de los años lo querrás. Como en otras muchas cosas, en esta enfermedad sucede que el tiempo provee un remedio largamente anhelado por la virtud.

GOZO   No habrá día en que no ame.

RAZÓN   Adelante, pues: diviértete, haz locuras, goza de tu sueño, que al despertar llorarás.

GOZO   No lloraré, sino que cantaré, y me consolaré con poemas, como hacen los enamorados.

RAZÓN   Sobre eso pueden decirse muchas cosas, y, ya que me fuerzas, insistiré. Entre todas las locuras, ésta de los enamorados es extraordinaria, y no sólo entre la gente vulgar, donde, por los hábitos propios de la naturaleza, cualquier exceso es disculpable, sino entre los hombres más cultos en una y otra lengua. Porque es sabido que tanto los poetas griegos como vuestros latinos han escrito bastante sobre los amores ajenos y mucho sobre los propios, y en lugar de merecer por ello la infamia, han alcanzado la gloria poética. Safo es la menos culpable entre los griegos: la edad, el sexo y un ánimo liviano disculpan a una muchacha. Pero ¿qué dirás de Anacreonte y de Alceo, si ambos fueron, además de poetas insignes, hombres valientes y reconocidos en su república por sus hazañas? Y entre los vuestros, ¿qué dirás de

Ovidio, Catulo, Propercio, Tibulo, si casi no escribieron poesía que no fuese amatoria? Pero ¿para qué reprehender a los poetas, a quienes, no sé por qué, se concede mayor libertad, y por qué no a los filósofos, que gobiernan la vida? Y a fe que ha de complacerte que entre los tuyos haya mayor gravedad que entre los griegos, pues resulta difícil hallar a alguno tan descarriado, que no digo que haya hecho algo similar, sino que no haya escarnecido y condenado abiertamente esta vanidad; pero entre los griegos, no sólo los filósofos vulgares, sino los estoicos, los más severos de todos, y aun —maravíllate— el mismo Platón, sabemos que cayeron en este yerro. Los estoicos quieren que el sabio ame, y, si se conciertan en la especie de amor, claro está que no yerran. Como he dicho, el sabio amará a Dios, al prójimo, a la virtud, a la sabiduría, a la patria, a los padres, a los hijos, a los amigos y, si es verdaderamente sabio, también amará a los enemigos, no por ellos, claro, sino por Aquel que así lo manda. Entre todos estos amores, dime, ¿dónde está la belleza? En las *Tusculanas* de Cicerón leemos esta definición: «El amor es un intento de la amistad por actuar bajo la especie de la belleza». ¿Quién es tan ciego que no ve en qué consiste esta hermosura? Justamente, pues, se pregunta Cicerón: «¿Qué cosa es, en realidad, este amor de amistad? ¿Por qué nadie ama a una joven fea ni a una vieja hermosa?». La edad y la belleza, con sus efectos y sus proporciones, son el fundamento de esta «amistad», así llamada por ser más honesto que llamarla «lujuria», pero fácilmente se conocerá su verdadero nombre si se mira con ojos abiertos y sanos. Y todo reside en esto: si hay en la naturaleza un amor sin congoja ni deseos lascivos, sin suspiros ni cuitas mortificantes, debe concederse al sabio, «porque es libre de todo apetito», como también dice Cicerón, y de todo bullicio y de angustia, que deben ser evitados de todo punto por el sabio. La verdad de los hechos se puede encubrir hablando, pero no se puede cambiar. Ahora estamos tratando del amor libidinoso, que de ningún modo puede escapar de estos y otros muchos defectos. Esto en cuanto a los estoicos. Volviendo a Platón, el príncipe y aun —como dicen— el dios de los filósofos (aunque sobre esto muchos siguen litigando, en las disputas no debe seguirse la opinión de los más, sino de los mayores y mejores), Platón, digo, sin duda un varón eximio, escribió mucho sobre sus amores, incluso sobre los impúdicos (aunque, en mi opinión, para el verdadero filósofo no hay apetito que no sea impúdico e ilícito), y lo hizo más licenciosamente de lo que convenía—perdóneme su grandeza—al nombre de Platón. Pero lo escribió—bien que lo siento—y sus escritos se conservan, y no se avergonzó de mancillar su inmensa fama ni del juicio de la posteridad: toda esta inquietud, todo este temor fueron vencidos por el ímpetu de la pasión que acuciaba al espíritu y por la dulzura con que estimulaba la péñola, y era tanta en él esta dulzura, aun tratando materias sucias y vergonzosas, que se pueden ver los destellos de su genio en los asuntos epicúreos más que en los platónicos, como los rayos de sol en el lodo. Y veo que, después de Platón, ésta ha sido la causa por la que muchos nos han legado escritos que hubiera sido más honesto no escribir o más razonable eliminar, y pienso que muchos en el futuro harán lo mismo. Pero he tratado del más famoso. Por lo que se refiere a la represión de tal locura, ya he dicho algunas cosas, y se podrían decir muchas y diversas; en cuanto al remedio, no pocas. Y para aquella consolación que imaginas que puede venir de la poesía, bastará como respuesta lo que Horacio pregunta en apenas dos versos: «¿Y crees que con estos versos podrás quitarte del corazón las espinas, las cuitas y los afanes?». Hablando y cantando se alimenta y se aviva el amor, no se extingue ni se mitiga, de modo que los cantos y poemas que recuerdas no curan, sino que irritan tus heridas.

GOZO   Con las admoniciones y la experiencia, comienzo ya a creer; deja, pues, si te parece bien, lo demás y dirige tu pluma a los remedios.

RAZÓN   Muchos en el pasado se esforzaron por hallarlos, entre ellos Nasón, médico singular, más amigo de la enfermedad que de la salud, y cuyos consejos, unas veces frívolos y otras indecorosos, no son del todo ineficaces. Otros también escribieron, y entre ellos Cicerón, tan breve como eficazmente. Pero en definitiva, entre tantos remedios son muy pocos los que apruebo: cambiar de casa o de lugar, que, si beneficia al cuerpo, también puede beneficiar al alma enferma; evitar y rehuir con diligencia todo lo que te traiga a la memoria el rostro amado; ocupar y distraer el ánimo con otros pensamientos y desvelos que borren las huellas de la antigua enfermedad; pensar intensamente qué sucio, qué triste, qué miserable y, finalmente, qué breve, frágil e inane es aquello que se desea obtener con tantas dificultades, y qué fácilmente y cuánto mejor puede satisfacerse de modo distinto y por otros medios, o cómo menospreciarlo o rechazarlo considerándolo entre las cosas más viles. A otros muchos sirvió de remedio la vergüenza, especialmente a los de noble espíritu, pues temen la infamia y el menosprecio y les pesa ser señalados con el dedo y ser fábula del vulgo cuando tienen a la vista el horror del deseo: vacío de fruto, lleno de peligros, de dolor y de pesadumbres. El último de estos remedios es aceptar la verdad, dejando a un lado las excusas y las falsas opiniones: aquí de nada valen la naturaleza, el destino, los astros, sino sólo presteza del ánimo y la libertad del juicio. Del arbitrio del enfermo depende el poder sanar, en cuanto empiece a quererlo de buena fe y rompa los dulces lazos de la costumbre: empresa laboriosa, es cierto, pero posible para el que quiere. Como dice Cicerón con gravedad: «En esto debe demostrarse lo mismo que en cualquier turbación, que es contingente, escogida a propósito, voluntaria. Pues si el amor fuese natural, todos amarían, y amarían siempre lo mismo y del mismo modo, y no lo dejarían unos por vergüenza, otros por reflexión u otros por hastío». Esto último, de hecho, el hastío, lo incluyen algunos entre los remedios; otros piensan que un nuevo amor elimina el viejo, como un clavo saca otro clavo. Aunque un método similar fue sugerido a Artajerjes, rey de los persas (a quien las Sagradas Escrituras llaman Asuero), por sus amigos, y, según refiere extensamente Josefo, tuvo un efecto provechoso, yo no discuto sobre los resultados, sino que me pronuncio sobre la elección del remedio. Estos dos últimos remedios quizá sean útiles alguna vez, pero los considero siempre peligrosos. Si no te curas con alguno de éstos, o con todos a la vez, será necesario remontarse a las causas del mal. Si no me engaño, las mayores y principales son la salud, la belleza, la riqueza, el ocio y la juventud. Igual que las del cuerpo, las enfermedades del alma se curan muy bien con sus contrarios: la enfermedad, la fealdad, la pobreza, la ocupación y la vejez, óptimo castigo para los errores de juventud. Éstos son mis últimos remedios; duros, sin duda, pero adecuados a la magnitud del mal.

LA GLORIA

GOZO   He alcanzado una gloria inmensa.

RAZÓN   No entiendo cómo puede haber cosas grandes en algo tan pequeño. Si mides la estrechez de los tiempos y de los lugares, tendrás que admitir que no cabe en ellos una gloria muy grande. No es necesario que te diga que toda la tierra es un punto; ni que en su mayor parte es inhabitable por designio de la naturaleza e inaccesible por capricho de la fortuna; ni que este instante es menos aún que un punto, y tan inconstante y fugitivo siempre, que apenas puedes alcanzarlo con el pensamiento. Las otras dos partes del tiempo siempre están ausentes, de manera que la una nos angustia con lábiles recuerdos, y la otra con el ansia de la esperanza. Y aun considerándolos juntos, todos los tiempos van tan despedazados y confusos por las lluvias torrenciales, por los calores extremos, por las epidemias, por la inclemencia de las estaciones y, en fin, por su mismo fluir, que las épocas no suelen tener nada en común unas con otras. Y esto se ve aún mejor en los lugares que en el tiempo, pues basta una pequeña distancia para que se ignore aquí lo que allí es conocidísimo. Son tantos los ejemplos, y tan sabidos por todos, que prefiero omitirlos: nos ayudan a ver claramente la magnitud de esa gloria terrenal de los mortales.

GOZO   He alcanzado toda la gloria que permitía mi condición.

RAZÓN   Si es inmerecida, ten por seguro que será breve; y si es merecida, alégrate, no por tenerla, sino por haberla merecido.

GOZO   He perseguido la gloria.

RAZÓN   La verdadera gloria no se consigue sino con buenas obras; mira, pues, de dónde procede tu fama, y sabrás si se trata de una gloria verdadera. Porque la fama que el azar concede, el azar la quita.

GOZO   La gloria es mucha.

RAZÓN   Cuida que lo que tienes por gloria verdadera no vaya a ser más que un reflejo engañoso. El engaño tiene gran poderío sobre las cosas humanas.

GOZO   El grado de mi gloria es máximo.

RAZÓN   Igual que ningún pobre pretende tener fama de muy rico salvo para engañar, así ningún pusilánime pasará por hombre de gran valor. Y sin embargo los dos saben muy bien, cualquiera que sea la opinión de los demás, cuánto dinero hay en su arca y cuánta virtud en su alma.

GOZO   Mi gloria es insigne.

RAZÓN   Si se debe a tu mérito, úsala con modestia, para no deslucirla con la mancha de la soberbia; y si no, procura no engañar a la gente por más tiempo.

GOZO   Mi gloria es resplandeciente.

RAZÓN   Procura merecerla, o despójate de esa vestidura pesada y ajena: es mejor no tener gloria alguna que tenerla falsamente. Si la verdadera gloria se conserva con mucho esfuerzo, ¿qué esperas de la falsa? Toda ficción es difícil, y especialmente aquella que se somete a la contemplación de muchos observadores. Los hombres verdaderamente gloriosos son muy pocos, y el vulgo oscuro y envidioso los odia a causa de su disparidad. Es muy difícil esconderse entre las insidias de tantos enemigos, y no podrás cerrar todos los ojos que te vigilan con tanta atención.

GOZO   Me muestro con toda mi gloria.

RAZÓN   Harías mejor en esconderte, pues sin duda estarías más seguro. Esta grave sentencia es de alguien que dijo muchas cosas livianas: «El que bien se escondió, bien ha vivido».

GOZO Soy famoso, todos me conocen y hace tiempo que soy un hombre conspicuo.

RAZÓN La envidia penetra y escudriña las cosas más ocultas: ¿crees que respetará las que están al descubierto? ¿Y qué, si son pocos aquellos a quienes conviene estar a la vista de todos, y si son también muy pocos aquellos cuyo buen nombre no se resiente por el hecho de ser conocidos? Es bien sabido el dicho de Claudiano: «La presencia disminuye la fama». ¿Cuánto más la disminuirá el ser muy conocido? Los hombres raramente son lo que parecen.

GOZO Todos me tienen por glorioso.

RAZÓN Te complaces escondiéndote en una nube. Si sales de ella por un instante, toda la vana gloria que has tenido se convertirá en infamia cierta.

GOZO Pero mi gloria es verdadera.

RAZÓN Eso nadie lo sabe mejor que tú, siempre que apliques a tus cosas un juicio tan imparcial como el ajeno. La gloria, como quieren los sabios, no es más que una sombra de la virtud: la acompaña, la sigue, y aun algunas veces va delante de ella, como vemos en los jóvenes de buena condición a quienes la esperanza prematura que en ellos se deposita los hace famosos antes de que sus cualidades alcancen perfección. Es como una espuela que estimula a los espíritus generosos y modestos, empujándolos a satisfacer la esperanza de sus conciudadanos. Pero en cambio derriba a los espíritus imprudentes y soberbios. Y a esto se debe la ridícula transformación de tantos jóvenes dignos en ancianos desconocidos. El elogio beneficia al sabio y perjudica al necio. Advierte, pues, que la sombra no puede existir por sí misma: es necesario que dependa de alguna otra cosa. ¿Quieres que la gloria sea verdadera? Haz que sea verdadera y firme la virtud.

CVIII

LA FELICIDAD

GOZO   Soy feliz.

RAZÓN   ¿Crees quizá que puede hacerte feliz el ser pontífice o emperador, tener todo el poder o las riquezas? Te engañas. Estas cosas no dan la felicidad ni la desdicha, sino que atrapan y ponen a prueba a los hombres, y si para algo valieran, antes los harían desventurados que felices, pues están llenas de peligros en los que se hunde la raíz de todas las miserias.

GOZO   Soy feliz.

RAZÓN   ¡Ay, desventurado, que entre tantos males esperes ser feliz!

GOZO   Soy feliz.

RAZÓN   Bien está como opinión tuya, pero es falsa, y como tal no añadirá nada a tu felicidad, sino que aumentará tu desdicha. La mayor de las desgracias es no darse cuenta de la desgracia propia.

GOZO   Soy feliz.

RAZÓN   Eso mismo dice Pompeyo Magno bajo el puñal de sus asesinos; y, sin embargo, si penetras más profundamente en la verdad, verás que nunca lo fue, ni siquiera cuando, en el colmo de su prosperidad, se creía felicísimo.

GOZO   Soy feliz.

RAZÓN   ¿Eres feliz? Eres un paseante insólito, un caminante maravilloso, puesto que en camino tan áspero y difícil has conseguido ser feliz, zarandeado entre mil peligros sin saber hacia dónde. Si en tales condiciones eres feliz, eres lo que nadie ha sido ni será. ¿Qué hombre puede ser feliz entre desgracias? Ninguno puede serlo sin salir antes de este miserable valle. Entre todos los mortales, tan sólo dos son ejemplos de hombres afortunados, y entre ellos destaca Quinto Metelo, a quien tanto los historiadores como el vulgo tuvieron por feliz. Y, sin embargo, sé que en algunas historias verídicas le quitan ese título tan divulgado, porque tuvo que sufrir en vida injurias atroces, y además (¡doble dolor!) pronunciadas por viles personas. Con tal ejemplo, claro está que la felicidad de los otros es también falsa. Sila fue llamado feliz, pero la común atrocidad de su vida y de su muerte demuestra lo contrario. A pesar de su muy próspera fortuna, Alejandro el Macedonio y Julio César tuvieron una vida agitada y confusa, y por ello poco feliz; incluso su muerte fue precipitada: uno murió en plena batalla y el otro al poco tiempo de lograr la victoria; uno por el veneno, y otro por el hierro del puñal. La ventura que en la guerra lograron los Escipiones se apagó con el injusto destierro del uno y con la muerte indigna y no vengada del otro. Larga cosa sería repasar todas las fortunas; acabo, pues, con el mejor ejemplo, el del césar Augusto, tenido generalmente por muy feliz: con un gobierno excelso, una paz duradera, una vida larga, una muerte tranquila y, lo que más importa, con un constante sosiego de espíritu y de costumbres, ¿quién negaría su felicidad? Y, sin embargo, la niegan quienes han escudriñado su vida. Con aquel resplandor externo contrasta, en efecto, la situación de su vida privada y la fortuna muy diversa de sus azares íntimos: la falta de hijos varones, la muerte temprana de los hijos adoptivos y de los sobrinos y, peor aún que la muerte, la insolente rebeldía de algunos de ellos. Y hay que tener en cuenta además las insidias de los hombres más viles, las frecuentes conjuras contra su persona, el tenaz adulterio de su hija queridísima y de una sobrina, y finalmente un sucesor indigno de su herencia y de su imperio que fue escogido más por necesidad que por voluntad.

Si entre todos estos alguno fue feliz, o si tú me encuentras otro que te haga compañía, o si sólo tú lo eres, dispón el oído a una certísima sentencia que te repito: ningún hombre es feliz antes de la muerte.

GOZO   Me siento feliz.

RAZÓN   Ya entiendo de qué felicidad hablas. O eres feliz en tu error, como alguno diría (y esta felicidad ya he dicho que es una desgracia), o lo eres por la virtud de tu alma (y tampoco es ésta la felicidad completa, aunque sea el mejor camino para llegar a ella). Finalmente, considerándolo todo muy bien, no ocultaré que maravilla esa ilusión de felicidad que algunos tienen y que prometen a otros. Hombres que son perspicacísimos para muchas cosas están en ésta, en cambio, completamente ciegos. Para la felicidad se requiere la unión estable y duradera de todos los bienes posibles, y en tal caso cada uno puede saber por sí mismo cuántas cosas le faltan para alcanzar su objetivo y advertir cuán inciertas y deleznables son las que tiene; según otros pareceres, sólo la virtud es capaz de tanto. No niego que los que viven virtuosamente y son tenidos por felices están cerca de la felicidad, pero deben soportar una vida plagada de combates contra las tentaciones, están siempre expuestos a un cúmulo de graves peligros y no están seguros hasta que mueren. Lo sepan o no, deben ser tenidos por desgraciados, porque no puede haber felicidad donde prevalece el error y falta la seguridad.

GOZO   Me parece que soy feliz.

RAZÓN   Ya te he dado la respuesta. Si el error hiciese feliz a los hombres, muy pocos habría que no lo fuesen. Es vana, pues, tu felicidad, y además brevísima. Nunca nadie gozó mucho del error. Sólo la verdad es firme; el error es en cambio débil y vano, pues se escapa de entre las manos de quien lo abraza como el humo o la sombra. Vendrá quien disipará estas tinieblas, descubrirá los falsos deleites, pondrá el precio justo a la felicidad humana y acabará con esos sueños. Mientras tanto, a estos hombres de los que hemos hablado y a todos los que se creen felices o son tenidos por tales, pregúntales allí donde estén en qué estado se encuentran, y qué opinan de aquella su breve felicidad. Callarán, pero la verdad hablará por ellos y atestiguará que los tenidos por felices fueron muy desgraciados.

CXVII

LA ESPERANZA
DE FAMA PÓSTUMA

ESPERANZA   Por mis méritos espero fama después de la muerte.

RAZÓN   Muchos esperan merecer fama y merecen infamia. Como caminantes extraviados, creen ir hacia delante y van hacia atrás.

ESPERANZA   Soy famoso en vida y lo seré más después de muerto.

RAZÓN   Admito que en algunos es verdad. Séneca predijo en una epístola que sería apreciado por la posteridad; Papino Estacio dijo que su reputación le allanaría el camino en el porvenir, y Ovidio Nasón adivinó que su nombre sería imperecedero, que sus obras se leerían con aplauso y que de ese modo viviría eternamente. ¡Y cierto es que ninguno de ellos se equivocó! Pero ¿cuántos crees que, esperando lo mismo, fueron defraudados por su esperanza? Muchos lo creyeron de sí mismos, y hasta lo escribieron, pero no se cumplió lo que prometían.

ESPERANZA   Si soy famoso en vida, ¿por qué no voy a serlo más después de muerto?

RAZÓN   Porque cada día sucede que muchos que tienen fama y prestigio durante la vida, después de muertos son olvidados e ignorados. ¿Te maravilla? A mano tienes la razón. Un cierto encanto, un hablar depurado y amable, un aspecto halagüeño, una alegre risa, un saludo cordial, los favores a los vecinos, las ayudas a los conocidos, la hospitalidad con los extranjeros y la cortesía para con todos, estas y otras cosas semejantes son las que dan fama a los vivos, pero después de la muerte sólo duran, como mucho, mientras viven los que conocieron tales galanterías. ¿Y por qué piensas que durarán las cosas que no tienen un sólido cimiento? Es natural que aquello que subió débilmente y con ligereza, caiga con rapidez. Para que la fama sea duradera se requieren una vida íntegra, o unas acciones destacables, o una elegancia singular en los escritos. Ésta es una muy rara distinción, y esos hombres gárrulos y corteses, exquisitamente vestidos y enjoyados, señalados por el dedo del vulgo, sólo son conocidos mientras hablan, o poco tiempo más. Es una pena que tanto esplendor, tanta pompa y tanta pedantería se desvanezcan tan rápido como el humo. Una pena, lo admito, pero así son las cosas, y con razón, porque esos hombres, entregados en vida a la soberbia y al provecho, no se procuraron ni merecieron un testimonio sólido: es justo que no haya quien de ellos lo dé.

ESPERANZA   Hallaré fama después de muerto.

RAZÓN   La fama de nada ha servido a los muertos y muchas veces ha perjudicado a los vivos. ¿Qué piensas que provocó la ruina y la muerte a Cicerón y a Demóstenes sino la enorme fama de sus letras? Y lo mismo se puede decir de Sócrates, de Zenón y de otros mil muy conocidos. ¿Qué otra cosa hizo que los atenienses matasen a Androgeo, hijo del rey gnosio, sino la fama de su ciencia y de su ingenio? ¿Quién condujo a los Argonautas, que se llamaban a sí mismos hombres escogidos y eran en realidad ladrones, hasta la casa de Eetes, rey de Cólquida, sino la fama de su riqueza? Pues ¿qué otra cosa significaba aquel famoso vellocino dorado sino un vasto tesoro de gran renombre, con el que los ricos bárbaros (y quienes carecían del tesoro verdadero) se vestían como los carneros con sus vellones?

ESPERANZA   Seré famoso.

RAZÓN   Si así ocurre, ¿qué gran cosa esperas que sea? Puede que la fama fuese algo si la acompañase una amplia consideración, como a menudo ocurre con los vivos, pero ¿de qué sirve que te alaben después de muerto quienes aunque te viesen no te reconocerían? Dime, si te topases ahora con Homero, Aquiles, Virgilio y Augusto, cuya nombradía es tan gloriosa, ¿acaso los reconocerías? Créeme si digo que vuestras esperanzas son por lo general vanas, y de dos maneras: o no ocurre lo que esperáis o, si ocurre, no trae lo que os prometió. Casi todas las cosas humanas tienen que ver más con la esperanza que con la realidad. Abandona, pues, esas inútiles esperanzas y esos vanos anhelos. Menosprecia las cosas terrenales y aprende a suplicar y a esperar las celestiales.

LAS MUCHAS ESPERANZAS

ESPERANZA   Espero muchas cosas.

RAZÓN   En las muchas esperanzas hay mucha vanidad, y la fortuna tiene muchas oportunidades para engañar.

ESPERANZA   Espero muchas cosas.

RAZÓN   A la esperanza de muchas cosas, muchas son las que le faltan. El que poco espera encuentra pocos riesgos y obstáculos.

ESPERANZA   Espero la salud.

RAZÓN   Esperas olvidar que eres mortal.

ESPERANZA   Espero una larga vida.

RAZÓN   Y un largo cautiverio en el que sufrirás mucho y aprenderás más de lo que crees.

ESPERANZA   Espero unos miembros fuertes.

RAZÓN   Grilletes duraderos, aunque agradables, de los que temerás ser liberado.

ESPERANZA   Espero un cuerpo hermoso.

RAZÓN   Acicate para los deleites.

ESPERANZA   Espero un buen final para mis años.

RAZÓN   Materia de vergüenza y de dolor.

ESPERANZA   Espero una noche con mi amiga.

RAZÓN   No sé qué breve y sucia cosa esperas.

ESPERANZA   Espero un vivir licencioso.

RAZÓN   Desdichado placer y largo arrepentimiento.

ESPERANZA   Espero una ocasión para la venganza.

RAZÓN   Puerta para la crueldad.

ESPERANZA   Espero un cuerpo ágil y robusto.

RAZÓN   Siervo contumaz y rebelde.

ESPERANZA   Espero mucha riqueza.

RAZÓN   Pesada carga de espinas y abrojos.

ESPERANZA   Espero navíos que han de venir de todos los mares.

RAZÓN   Riqueza derramada entre monstruos y escollos marinos, sacudida por las corrientes, arrastrada con cabos y combatida por los vientos.

ESPERANZA   Espero ganancia de mis mercancías.

RAZÓN   Cebo que te molestará con incesantes angustias y que, creyéndolo de provecho, te reportará muchos perjuicios. El mercader inexperto se apresura en creer, pero el más versado lo vigila todo.

ESPERANZA   Espero dignas bodas para mi hija o mi hijo.

RAZÓN   No hay casi nada que engañe tanto y tan gravemente.

ESPERANZA   Espero gran poder.

RAZÓN   Envidiada miseria, horrenda riqueza y temerosa soberbia.

ESPERANZA   Espero el reino y el imperio.

RAZÓN   Abismo y tempestad, gesto afligido bajo una corona resplandeciente, un corazón angustiado y una vida infeliz.

ESPERANZA   Espero honores.

RAZÓN   Polvo y ruido.

ESPERANZA   Espero casarme y tener hijos.

RAZÓN   Disputas y cuidados.

ESPERANZA   Espero una orden militar para mí y una esposa para mi hijo.

RAZÓN   Trabajo para ti y pena para él.

ESPERANZA   Espero que muera mi vieja mujer para casarme con otra más joven.

RAZÓN   Te desatarás de un lazo que estaba a punto de romperse para atarte con otro más fuerte.

ESPERANZA   Espero el ingenio, la elocuencia y la sabiduría.

RAZÓN   Yunque, martillo y hierro para perturbar tu sueño y el de los demás.

ESPERANZA   Espero un elogio a mi muerte.

RAZÓN   Ruiseñor para el sordo.

ESPERANZA   Espero un sepulcro de oro.

RAZÓN   Casa pintada para el ciego.

ESPERANZA   Espero fama después de muerto.

RAZÓN   Buen viento después del naufragio.

ESPERANZA   Espero renombre en la posteridad.

RAZÓN   Testimonio de quien no te conoce.

ESPERANZA   Espero un heredero.

RAZÓN   Amigo de tu patrimonio, y tuyo mientras no vuelvas.

CXXI

LA ESPERADA PAZ DE ÁNIMO

ESPERANZA   Espero la paz del ánimo.

RAZÓN   ¿Por qué prefieres esperarla que tenerla? Encontrarás esa paz en cuanto empieces a quererla de buena fe.

ESPERANZA   Espero la paz de ánimo.

RAZÓN   Esperar la paz es cosa de quien está combatiendo: ¿y quién da guerra a tu alma sino tú solo? ¿No es una desvergüenza solicitar o esperar de otro lo que tú mismo te quitas?

ESPERANZA   Espero la paz de ánimo.

RAZÓN   Dime, ¿de dónde o cuándo quieres esperar lo que tú mismo puedes procurarte y que no puede quitarte nadie sino tú? Depón las armas de la codicia y la ira: tendrás una paz completa y perfecta para tu alma.

ESPERANZA   Espero la paz y el reposo del ánimo.

RAZÓN   ¿Y cómo es eso? Lo que haces es muy contrario a la paz, y te ensañas contra tu propia esperanza. Bastaría con que los hombres se esforzasen para salvarse tanto como se esfuerzan para perderse. Por una guerra y una angustia continuas se paga un precio más alto que por la paz y el reposo. Hay tal oposición entre los deseos y esperanzas de los mortales y sus obras, que se diría que en cada hombre no hay un único corazón, sino muchos y siempre en desacuerdo.

ESPERANZA   Espero el reposo.

RAZÓN   Me maravilla de dónde sacáis esa incesante avidez de esperanza, ¡oh, linaje de los mortales! En cuanto alcanzáis lo que deseabais, de nuevo enviáis vuestra esperanza más lejos, y después más lejos todavía. ¿Será acaso el mañana más luminoso que el hoy y serán las cosas futuras mejores que las pasadas? Hay algunos para los cuales nada es más grato que el esperar, y que no cambiarían su esperanza por ninguna de las cosas que esperan. ¿Qué les puedo augurar a éstos, que siempre están pensando en mañana mientras se van despojando de todos sus bienes, sino que envejecerán entre inútiles esperanzas, hasta que entiendan que han esperado en vano y, al volver la vista atrás, vean que han buscado inútilmente lo que tenían consigo?

ESPERANZA   Espero la paz y el reposo del ánimo.

RAZÓN   Gran parte de las cosas humanas está hecha de sombras; gran parte de los mortales se alimenta de viento y se divierte con fantasías. ¡Cuántos hay que con esa esperanza se precipitan en afanes y en guerras eternas!

LIBRO SEGUNDO

REMEDIOS CONTRA LA MALA SUERTE

EL POBRE NACIMIENTO

DOLOR   He nacido pobre.

RAZÓN   ¿Quién no ha salido desnudo del vientre de su madre? En este aspecto los reyes no son diferentes de ti.

DOLOR   Era pobre incluso antes de nacer.

RAZÓN   Tienes buena memoria si te acuerdas de eso, y muy agudos sentidos si lo percibiste.

DOLOR   Fui engendrado en la pobreza.

RAZÓN   ¿Y eso qué tiene que ver contigo? La queja corresponde a tus padres.

DOLOR   He nacido pobre.

RAZÓN   Y también morirás pobre. Tu final será como tu principio, a no ser que pienses que el oro que guardas en el fondo del arca te aliviará del mal de la muerte.

DOLOR   Mi vida empezó en la pobreza.

RAZÓN   A veces por la mitad de la vida llega alguna falsa riqueza, pero la pobreza marca totalmente su principio y su final. Nacer y morir desnudo son requisitos de la condición humana. Y si no, dime: la habitación decorada de púrpura, las andas doradas y todos los otros adornos dispuestos con soberbia para el fin de la vida, ¿qué valen contra la fiebre o contra esa desnudez de que hemos hablado cuando se acerca la muerte? ¿Acaso esos tapices en las paredes nos agradan igual que los jaeces a los caballos? Puede que estas cosas recreen la vista de quien las contempla, y que quienes tienen poco juicio encuentren algo agradable, pero no pueden producir un deleite verdadero.

DOLOR   Nací pobre y desvalido.

RAZÓN   La fortuna trastorna casi todas las cosas humanas, pero hay algunas que permanecen inalterables: la primera y principal es esta igualdad en el nacimiento y en la muerte. Los vestidos de los vivos son muchos y muy diversos, pero sólo hay uno para los que nacen y para los que mueren, y es su misma desnudez, salvo que los unos ignoran las muchas cosas que tendrán, y los otros, sabiéndolo, las dejan todas. Pero esta misma conciencia de la pérdida, por pequeña que sea, puede compensar el sentimiento de las cosas perecederas.

DOLOR   Vine desnudo a esta miserable vida.

RAZÓN   Acordándote de eso, con mejor ánimo partirás de ella desnudo.

LA PÉRDIDA DEL TIEMPO

DOLOR   Lloro la pérdida del tiempo.

RAZÓN   Este lamento sería más justo que el de la pérdida del dinero, porque ésta no es tan grave como la del tiempo. El dinero no es preciso para bien vivir y, si se pierde, puede recuperarse; el tiempo siempre es necesario y no hay modo de recuperarlo. Pero el dinero se pierde contra vuestra voluntad y el tiempo se pierde con vuestro consentimiento (y éstos son los peores males, los que vienen por culpa de quien los padece). De todos modos, soy de la opinión de que quien sufre voluntariamente no tiene derecho a quejarse.

DOLOR   Yo pierdo el tiempo sin querer.

RAZÓN   ¿Quién obliga a quien no lo desea sino la codicia, madre de todos los afanes? Dice el poeta cómico: «Únicamente este vicio trae la vejez al hombre: todos pensamos demasiado en el dinero». Sólo señala a los viejos, pero todos los hombres son como viejos en esto: la avaricia ha infectado todas las edades, los estados, los sexos; fuerza al hombre a perder el tiempo y le impide advertir la brevedad de su vida. Pensando sólo en la avaricia, consumís vuestra vida olvidándoos de vosotros mismos y de vuestro deleite. Si esta peste pudiese apoderarse de la voluntad del hombre y forzarlo, sin quererlo él, a perder el tiempo, entonces sería justa vuestra queja por la pérdida de algo tan precioso.

DOLOR   No es la codicia, sino la necesidad, la que me hace perder el tiempo.

RAZÓN   Déjame que te pregunte qué necesidad es esa que te priva de algo que es tuyo y sólo tuyo. Y lo digo porque la fortuna da o quita a su capricho las riquezas, los honores, el poder, la autoridad, los parientes, los imperios; el tiempo no puede quitártelo contra tu voluntad. El tiempo por sí mismo se escapa paso a paso, y aunque no lo aproveches se va consumiendo poco a poco. No os dais cuenta, y ya se ha ido. Las quejas llegan tarde y de nada sirven. Lloráis la pérdida del tiempo y nada decís de vuestra culpa.

DOLOR   Sólo la necesidad me fuerza a perder el tiempo.

RAZÓN   Otra vez te lo pregunto: ¿qué forzosa necesidad es ésa? Quizá estás tan ocupado en los asuntos de tus señores que te olvidas de los tuyos, como si no te obligasen también la codicia y un insaciable deseo de lucro. Si dejas a un lado tus deseos no serás esclavo de los de tus señores. Pero este incurable veneno corre por tus venas, traspasa tus entrañas, embota tus sentidos y no sólo te hace perder el tiempo, sino la libertad y aun la misma vida sin que lo sientas. Si tu tiempo se pierde, no en codiciar el beneficio propio o ajeno, sino en mirar por tu república o por el bien común, ya no se trata de una pérdida de tiempo, sino de un uso más que loable, pues inviertes algo muy preciado en provecho de lo más preciado que hay sobre la tierra, y obras en esto como un buen hombre y un correcto ciudadano. Sé que entre los hombres es costumbre llamar tiempo perdido a todo lo que no se encamina a la avaricia, pero es precisamente el tiempo dedicado a ella el que de verdad se pierde. ¿Tú también hablas de pérdida de tiempo con el sentido erróneo y habitual? Si yo creyese que estás en ese caso, renunciaría a remediar una enfermedad tan incurable, y a ti mismo, no al tiempo, te daría por perdido. Pero si estás dispuesto a dar o, mejor dicho, a devolverle tu tiempo a Dios (que es lo que yo quisiera y que no puede hacerse sin verdadera fe), debes saber que obtendrás una enorme ganancia, pues a cambio de un poco de tiempo alcanzarás la eternidad. ¿Qué mercader ha logrado un trato tan favorable?

DOLOR   Es otro el motivo de mi pérdida de tiempo.

RAZÓN   No entiendo de qué causa me hablas. Si crees que pueden obligarte la ira, la tristeza, el amor o cualquier pasión del alma, te equivocas, pues todas ellas son como la avaricia, de la que ya hemos hablado: todas son voluntarias y ninguna obligada, y esto no sólo es obvio, sino que Tulio lo trata y repite en muchos lugares. Si la causa no está en ninguna de estas pasiones, ¿qué más puede ser sino la pereza y la debilidad? Basta recordar lo que Séneca dice: «La más lamentable de todas las pérdidas es la que se debe a la negligencia».

DOLOR   La triste necesidad me fuerza a perder el tiempo.

RAZÓN   Todavía no lo entiendo. Si tu enemigo te tiene encadenado o si la muerte acecha, admito que te resulte difícil obrar bien, pero esas cosas no pueden apartarte de los pensamientos piadosos, pues en tal estado se manifiestan más claramente y en ningún caso constituyen una pérdida de tiempo. Al contrario: no hay cosa en que se pierda menos, porque tales pensamientos pueden estar en el tonel de Régulo, en el toro de Fálaris y en la cruz de Teodoro Cireneo. Dondequiera que mires, la culpa del tiempo perdido está sólo en ti. Pero vosotros culpáis a la naturaleza por la mudable condición del tiempo, pues nada en la tierra existe eternamente, y os exculpáis del todo a vosotros mismos, siendo como sois los únicos culpables. Casi todo vuestro tiempo lo perdéis, lo desperdiciáis y aun lo menospreciáis como si se tratase de algo vil y sin valor. Ojalá lo empleaseis en la virtud o al menos en la fama y no en un deshonor inicuo e insolente; aunque cualquier cosa que no se emplea en aquello para lo que nos fue dada puede con justicia llamarse perdida. Para este fin nació el hombre, y el tiempo le fue concedido para honrar y amar a su creador. Todo lo que se encamina a otros fines, claro está que se pierde. Ahora veis el mucho tiempo que se pierde y la importancia de no perderlo.

XXVIII

LOS AMIGOS DESLEALES

DOLOR   Me quejo de los amigos.

RAZÓN   ¿Qué dirá de los enemigos quien de los amigos se queja?

DOLOR   Tengo amigos desleales.

RAZÓN   Lo que cuentas es imposible, a no ser que tengas por amigos a quienes no lo son; en tal caso es algo, además de posible, muy frecuente.

DOLOR   Mis amigos son desleales.

RAZÓN   El mundo está lleno de tales lamentos. La amistad y la deslealtad no pueden ir juntas. El que empieza a ser desleal deja de ser amigo o, según yo creo, nunca lo fue. Como las virtudes son duraderas y los engaños humanos son breves, no perdiste la lealtad, sino que se descubrió la mentira.

DOLOR   Sé por experiencia que mis amigos no son fieles.

RAZÓN   Si aquellos a quienes tuviste por amigos empiezan a descubrir su condición traicionera, debes alegrarte de que tu error ha llegado a su fin. Procura que no se te pegue su infecciosa pestilencia. Comoquiera que ellos sean, guárdales fielmente la amistad, y aunque no lo merezcan, hazlo por ti, para no contagiarte con su misma enfermedad. Te resultará más fácil si consideras cuánto te repugna su perfidia: aborrecer el vicio suele ser una espuela para la virtud.

DOLOR   Sin merecerlo soy odioso a mis amigos.

RAZÓN   El odio puede darse entre ciudadanos, compañeros, parientes, esposos, hermanos, entre el padre y el hijo...: no hay unión que no pueda ser contaminada por el odio. Sólo la amistad sincera lo desconoce. La diferencia entre la amistad y las otras relaciones es que éstas duran y conservan su nombre aunque el odio se introduzca en ellas, pero la amistad, si el odio la visita y el amor la abandona, deja al momento de ser amistad. El que es amigo no tiene más capacidad que el mismo amor para ser odioso.

DOLOR   Tengo amigos desleales.

RAZÓN   Si hay alguna esperanza de que vuelvan a ser leales, resiste y ámalos de corazón, pues muchas amistades se perdieron por un afecto demasiado tibio y la falta de confianza avivó la deslealtad. Pero si nada de esto te sirve y pierdes toda esperanza, sigue el consejo de Catón, que dijo que las amistades que se estropean deben ir desatándose poco a poco, y no cortarlas de un tajo, para evitar que el daño sea doble: perder a los amigos y verlos convertidos en enemigos; a no ser, claro, que la gravedad del caso no admita dilación y te impida aplicar tan maduro consejo. Si esto sucede, se trata de una de las mayores desgracias que en la amistad puede haber, pero debes afrontarla con espíritu animoso, como cualquier otra desdicha. Pero en la amistad verdadera difícilmente hay lugar para un caso como éste.

EL QUE ES ENVIDIADO

DOLOR   Soy envidiado por muchos.

RAZÓN   Es mejor ser envidiado que compade-
cido.

DOLOR   Me angustia la envidia de mis enemigos.

RAZÓN   ¿Y qué amigo de la virtud careció de
esa angustia? Revuelve con la mente todas las
tierras y todas las épocas, repasa todas las historias y te costará muchísimo encontrar a un
hombre eximio que no haya padecido esa enfermedad. No quiero meterme ahora en un asunto
que nos llevaría muy lejos del propósito, pero
si recuerdas algo de lo que has leído, no dejarás
de conocer a muchos cuya compañía te consue-
le y te honre.

DOLOR   Soy envidiado.

RAZÓN   ¿Quieres dejar de serlo? Deja los car-
gos y oficios públicos; no llames la atención de
la gente con tu presuntuoso caminar o con tu
magnífico séquito; aléjate cuanto puedas de los
ojos de los envidiosos; no les invites a señalarte

con el dedo a causa de tu apariencia, tus palabras o tu forma de vestir. El vulgo y la envidia, como todos los otros males, habitan en las calles y en las plazas. No hay mejor modo de vencer a tales enemigos que huyendo o escondiéndose de ellos.

DOLOR   La envidia me sigue aunque huya y me esconda.

RAZÓN   Elimina la causa del mal y eliminarás el mal. Pon tasa al uso de las riquezas, desprecia o esconde todo lo que pueda encender las almas codiciosas. Si hay algo de lo que no quieres o no puedes prescindir, úsalo con moderación, pues la envidia se encarniza con la soberbia y se aplaca con la humildad. Hay otros remedios muy eficaces para expulsar la envidia, pero son peores que la misma enfermedad, y son la miseria y una vida deshonrosa. A propósito de la primera, se ha dicho que sólo la miseria está libre de envidia; a la segunda le conviene aquello que Sócrates contestó cuando Alcibíades le preguntó qué debía hacer para no ser envidiado: «Vive como Tersites, cuya vida, si la desconoces, la hallarás en la *Ilíada* de Homero». Ciertamente es una típica respuesta del irónico Sócrates, pues no parece que huir de la virtud sea lo mejor para evitar la envidia: es mejor ser Alcibíades con envidia, que Tersites sin ella. Aunque es un hecho cierto que, para vivir seguros, algunos grandes hombres tuvieron ocultos por un tiempo su virtud y su ingenio.

DOLOR   Soy envidiado por muchos.

RAZÓN   Difícilmente podrás evitar la envidia si no es con pereza o con miseria, pero entonces serás menospreciado y te resultará mucho más difícil deshacerte de lo uno y de lo otro.

DOLOR   Me angustia la envidia de muchos.

RAZÓN   Dicen que hay otro modo de desterrar la envidia: una gloria sobrada y resplandeciente. En este camino hallarás muy pocas pisadas, porque muchos, queriendo seguirlo, caen y se empozan en aquello de que van huyendo.

XXXVII
LA TARDANZA
DE LO PROMETIDO

DOLOR   Tarde se cumple lo que me han prometido.

RAZÓN   ¿Por qué razón te quejas de esto particularmente, si a todos es común? Nada disminuye más el valor del regalo que el gesto áspero y la tardanza, pero es propio de vuestra condición el querer recibir pronto y el dar tarde. Para lo primero, muy alegres, para lo segundo, muy tristes; para lo uno, presurosos, y para lo otro, perezosos. Dos son las raíces de la ingratitud y las causas de la queja: la dilación del que ha de dar y la impaciencia del que ha de recibir.

DOLOR   Me han prometido muchas cosas y ninguna se cumple.

RAZÓN   Poca fe se ha de dar a los que mucho prometen, pues la liviandad, la adulación y la mentira son muy comunes en los hombres. Si alguien te ha prometido muchas cosas, conténtate con que te las haya prometido y busca a otro que las cumpla, que uno solo no puede hacer tantas cosas. Aquél te las prometió para que mientras tanto lo amases.

DOLOR   No se cumple lo que me prometen.

RAZÓN   Entre dos tipos de codicia, la que posee es más poderosa que la que pide.

DOLOR   ¡Oh, cuánto abundaba en promesas el que me las hizo!

RAZÓN   O te engañaba o, como ya he dicho, quería que lo amases por algún tiempo, y quizá te prometía tantas cosas porque quería pedirte alguna a ti y te la compraba con mentiras. Ya deberías saber que los ricos de palabras acostumbran a ser pobres de obras.

DOLOR   ¡Oh, cuántas cosas me han prometido!

RAZÓN   Si me crees a mí, nunca creerás a quienes te hagan muchas promesas.

LII

LA MUERTE DEL AMIGO

DOLOR   He perdido a mi amigo.

RAZÓN   Si en tu amigo amabas, como debías, la virtud, ni la has perdido ni ha muerto. Por eso se dice que la verdadera amistad es inmortal, porque no se rompe ni por la discordia de los amigos ni aun por la misma muerte. Esta virtud, que supera cualquier discordia y derrota al vicio, no puede ser vencida por nada.

DOLOR   He perdido a mi amigo.

RAZÓN   Todas las otras cosas, cuando las pierdes dejas de tenerlas. Pero a los amigos y a los seres queridos los tienes más que nunca cuando crees haberlos perdido. Porque la presencia es delicada y susceptible, por no decir molesta y soberbia, y se ofende enseguida por cualquier causa insignificante, pero la memoria de los amigos es alegre y grata: no conserva ni una sola de sus amarguras y no ha perdido ni una sola de sus dulzuras.

DOLOR   La muerte se llevó a mi mejor amigo.

RAZÓN   Si te quejas de haber perdido tu propia conveniencia, me parece que hablas del provecho y no de la amistad. Si te quejas de haberte quedado sin compañía, piensa en el poco tiempo que en vida pasan juntos los amigos, y considera cuánta parte de ese tiempo se llevan las preocupaciones, las enfermedades, el sueño, los placeres, el caminar a un lado a otro, las muchas angustias, los estudios, la ociosidad, los negocios propios o ajenos, y sobre todo esa continua y forzosa necesidad de muchas cosas de la cual ninguna prosperidad está libre. Todas estas cosas te privan de esa deseada compañía. ¡Qué escasas y breves son las ocasiones en que os juntáis! ¡Y qué penosas las esperas, qué tristes las despedidas, qué tardíos los regresos! ¡Cuántos obstáculos, cuántos impedimentos, cuántas trabas! Si traes a la memoria estas y otras dificultades de la vida que impiden la amistad, te darás cuenta de lo poco que te ha quitado la muerte; si atiendes tan sólo a lo que constituye el permanente y firme fundamento de la amistad, comprenderás que la muerte no tiene ningún poder sobre ella. Por Tulio sabes que Lelio se consuela pensando que su amigo Escipión está vivo porque no han muerto ni su fama ni su virtud. ¿Qué te impide tener a tu Escipión por vivo? Pero vosotros, como no podéis ser Lelios ni Escipiones y ni siquiera queréis ser hombres cabales, porque no llegáis a la cima, os quedáis desesperados en la mitad, y aun la menospreciáis, como si en la virtud, igual que en la poesía, ese logro mediano no pudiese ser concedido por dios ni por los hombres.

DOLOR   La muerte me arrebató el amigo.

RAZÓN   La muerte puede arrebatarte el cuerpo del amigo, pero no el amigo ni la amistad, porque son de ese tipo de cosas que no están sometidas a la muerte ni a la fortuna, sino a la virtud, el único de los dones humanos que es verdaderamente libre y que tiene el poder de hacer libre todo lo que le atañe. Tu amigo no sería de mucho valor si pudiese perderse tan fácilmente.

DOLOR   Me he quedado sin amigo.

RAZÓN   Si respetas la amistad, nunca perderás a los viejos amigos ni te faltarán los nuevos. Y aun pudiera ser que entre tus enemigos ganases algún amigo. Nada fue más efectivo para amistar a Herodes con César Augusto que el hecho de que Herodes confesó haberle odiado por ser amigo de un gran enemigo suyo. Augusto lo creyó digno de su amistad, pues tal lealmente la había mantenido. Es tan grande la hermosura de la virtud y de la amistad, que aun en un enemigo agrada y le fuerza a amar a quien aborrece.

DOLOR   Ha fallecido el más fiel de mis amigos.

RAZÓN   Sepúltale en tu memoria, donde siempre estará contigo en secreto y donde nunca morirá del todo. Pero si acaso te abandonó y se fue por un camino distinto al de la muerte, entonces no pienses que has perdido un amigo, sino una falsa opinión de la amistad.

LA CASA PEQUEÑA

DOLOR   Vivo en una casa muy pequeña.

RAZÓN   La casa pequeña tiene muchas ventajas. Una de las principales es que resulta muy útil contra los ladrones, porque éstos no pueden hallar escondrijos; de las casas grandes puede decirse lo contrario, porque son poco convenientes para sus dueños y de mucho provecho para los ladrones. Llamo pequeña o grande una según la cantidad de gente que la habita. Te parece que la casa en que vives es demasiado estrecha para ti solo. ¿Acaso no está tu alma en una morada mucho más estrecha y mucho más sucia, rodeada de sangre y de hiel? Y si fuese posible no querrías que saliese nunca de allí.

DOLOR   Tengo una casa muy estrecha.

RAZÓN   La casa de muros no constriñe al alma, que es celestial. A menudo la casa pequeña encierra gran gloria y la grande mucha infamia. La casa no da forma al espíritu, sino que de él la recibe, de manera que igual que pueden ser alegres y honestas las cabañas de los pobres, también pueden ser infames y tristes los castillos reales y los palacios de los ricos. No hay casa tan pequeña que no pueda ser engrandecida por la dignidad de su morador o que no resulte adecuada para cualquier huésped ilustre.

DOLOR   Mi casa es pequeña.

RAZÓN   El modesto palacio de Evandro recibió al gran Alcides. César, el que sería señor del mundo, nació en una pequeña casa. Rómulo y Remo, fundadores de tan gran ciudad, se criaron en la choza de un pastor. Catón no habitó nunca grandes mansiones, Diógenes vivió en un tonel movedizo e Hilario en una cueva diminuta. Otros muchos santos varones vivieron bajo tierra en cuevas y grutas; muchos grandes filósofos, en una breve porción de huerto, y muchos ilustres capitanes durmieron al raso o en míseras tiendas. En cambio, Cayo y Nerón moraban en magníficos palacios. Decide ahora con cuál de ellos prefieres vivir.

DOLOR   Tengo una casa estrecha, pobre y ruin.

RAZÓN   Sus paredes te preservan de los ladrones, de los vientos y de los fastidios del vulgo, que son peores aún; su tejado te protege del frío, del calor, del sol y de la lluvia. Las torres altas son para que las habiten los pájaros; las ca-

sas grandes, para la soberbia; las muy adorna-
das, para la lujuria; las muy bien provistas, para
la avaricia. La virtud no desprecia casa alguna,
salvo si está ocupada por los vicios.

DOLOR   Vivo muy estrechamente.

RAZÓN   ¿Quieres que cualquier casa te parezca enorme? Piensa en la sepultura.

LXXVI

LA GUERRA CIVIL

DOLOR   La guerra civil nos destruye.

RAZÓN   El nombre de civil viene de ciudadanos, y tú eres uno de ellos. Vigila, pues, que no
seas también tú de los que favorecen este mal o
de los que tienen parte de culpa. Porque es así
como sucede: uno provoca y enciende al otro
hasta despertar la furia del pueblo, y el pueblo después enciende y abate a los unos y a los
otros. Ningún disturbio público comienza espontáneamente; alimentado por quienes lo pro-
vocan, contagia y destruye una ciudad entera.
Si me preguntas dónde están las raíces de tal
agitación, las hallarás en los errores particulares de los ciudadanos. Te ruego que evites ser
uno de los que, con obras o con palabras, en-
cienden el fuego de la contienda civil. Son muchos los que obran así y que, como si las heridas se debiesen a otros, se lamentan y acaban
abrasados por el fuego que ellos mismos encen-
dieron. Pero si no te sientes culpable de nada,
tu dolor es piadoso y propio de un buen ciuda-

dano, que se duele de la común desventura y se consuela con su inocencia. Ninguno de los males humanos es más deplorable que la culpa, y en la opinión de grandes hombres no existe ningún otro mal.

DOLOR   Nos aflige la guerra civil.

RAZÓN   Procura ser un buen mediador entre la furia del vulgo. Si esto no sirve de nada, y aunque te quedes solo, sigue el partido de la libertad y de la justicia: redunde o no en provecho de tu patria, habrás merecido al menos ser alabado. En una misma ciudad tienes ejemplos de las dos actitudes: Menenio Agripa y Porcio Catón el Joven.

DOLOR   Mis conciudadanos se han enzarzado en una guerra cruel.

RAZÓN   Si te ves impotente, intenta convencerlos amenazando, rogando, interponiéndote, censurando, haciéndoles ver la destrucción general que se encierra en esas pequeñas destrucciones particulares: parecen no afectar a nadie y acaban con todos. Intenta, en fin, apaciguar sus corazones con la conmiseración o con el temor, y si no lo consigues con los hombres, ruega a Dios que los ciudadanos entren en razón, pide que tu patria recupere la salud y cumple por todos los medios tu deber de ser un buen ciudadano.

DOLOR   La guerra civil ha llevado la discordia al límite.

RAZÓN   Para que en las guerras (civiles o no) no te ocurra nada insospechado y ningún lance te halle desprevenido, lleva siempre grabada en tu alma esta verdad: no sólo los hombres, sino todas las cosas humanas son mortales, con excepción de las almas. Igual que los hombres, las ciudades y los grandes imperios padecen enfermedades; unas atacan en secreto desde fuera, y otras nacen dentro del cuerpo, como las insurrecciones, las parcialidades, las discordias y las guerras civiles. Todas las cosas tienen establecido un límite que no pueden superar. Todo tiene su fin, y, aunque pueda demorarse, nunca deja de llegar. Grandes ciudades se levantan hoy donde en otro tiempo hubo selvas muy ásperas que algún día volverán a crecer. Es impensable que una ciudad espere alcanzar lo que Roma, reina de todas las ciudades, no alcanzó. Ésta es la diferencia entre las mudanzas de los hombres y de las ciudades: las de los hombres, por su innumerable muchedumbre y por la brevedad de su vida, se producen a diario, pero las de las ciudades, que son pocas y más duraderas, causan más espanto porque ocurren en el plazo de muchísimos años. Estas consideraciones te ayudarán a afrontar todo tipo de sucesos, públicos y privados, y, aunque no resulte grato, harán más llevadero el camino hacia la pobreza, el destierro y la muerte. Y, además, te mostrarán que el mal que aflige a tu tierra es común a todas las otras.

LXXXVI

EL INSOMNIO

DOLOR   No puedo dormir.

RAZÓN   Vela y diviértete: se te ha aumentado el tiempo de la vida. ¿Qué diferencia hay entre el sueño y la muerte, salvo que el uno es temporal y la otra perpetua? De modo que puede decirse que el sueño es una muerte breve, y la muerte un sueño largo o eterno.

DOLOR   He perdido el sueño.

RAZÓN   No podrás recuperarlo por la fuerza, sino con halagos. Si lo fuerzas no conseguirás nada. Prueba otro modo: descansa la cabeza, pon tu mente en cosas triviales y el sueño llegará sin que te des cuenta, porque se introduce con prontitud en las almas desocupadas y en los cuerpos cansados.

DOLOR   A menudo se interrumpe mi sueño.

RAZÓN   Haz lo que César Augusto acostumbraba a hacer: busca a quien te lea o te cuente algún cuento y repararás tu sueño. Y si son asuntos muy graves los que lo rompen, déjalos a un lado y volverás a dormir; en ellos pensaba Virgilio cuando dijo que las preocupaciones rompen los sueños más saludables.

DOLOR   He perdido el reposo en el sueño.

RAZÓN   También has perdido el espanto de los sueños y los terrores de la noche. Aristóteles dijo, y será verdad, que las fantasías son buenas en el sueño del sabio. Sin embargo, tanto aquel hombre, grande en ingenio y en poder, como el otro, excelente en santidad y en paciencia (de los cuales he hablado hace poco), sufrieron grandes enojos a causa de sus sueños. Cada cual sabe lo que se puede padecer y tiene a su cama por testigo de las visiones, burlas, y terrores de los sueños. Según está escrito, el primero de los que acabo de mencionar pasó sus últimos tiempos aterrorizado por los sueños, y al segundo, entre los muchos enojos de su vida, lo atormentaban mientras dormía las pesadillas y las visiones.

DOLOR   Duermo menos de lo que solía.

RAZÓN   Entonces vives más de lo que solías, pues si, como dicen los sabios, el sueño es muerte, velar será vivir.

DOLOR   La enfermedad me ha quitado el sueño.

RAZÓN   Sanarás y lo recuperarás.

DOLOR   El amor ha expulsado mi sueño.

RAZÓN   Has dicho dos veces lo mismo. El amor es una enfermedad; es la mayor de todas las enfermedades.

DOLOR   El miedo me ha quitado el sueño.

RAZÓN   La seguridad lo resucitará.

DOLOR   La vejez me ha quitado el sueño.

RAZÓN   La muerte, su vecina, te lo devolverá.

LXXXVII

LAS PESADILLAS

DOLOR Los sueños me inquietan.

RAZÓN Si es verdad lo que un sabio dice, que la abundancia de preocupaciones causa las pesadillas (y esto lo avalan también vuestros autores), corta el mal de raíz, aparta de ti los cuidados y apartarás las pesadillas. Te ruego que me digas para qué tienes tantos afanes; en una vida que, según queda establecido desde su principio, será breve, ¿de qué sirve atormentarse? Vuestra locura enturbia la vida con angustias y el sueño con delirios. ¿Pretendéis exceder con vuestras opiniones la providencia divina? ¿No os dais cuenta de que desde lo alto se ríen de vuestras locuras y de vuestras disputas, concebidas en un tiempo que está más allá de vuestro albedrío y de vuestro conocimiento? No prestáis oído a lo que canta Horacio:

Con sabia prudencia el dios oculta en
las sombras de la noche el tiempo venidero,
y se burla del hombre que se angustia
más de lo debido.

En todo tiempo sembráis la destrucción: os entristecéis por el pasado, os angustiáis con el presente, os estremecéis de miedo por el futuro. Y a manos llenas recogéis el fruto que merecen vuestros superfluos cuidados: penalidades cuando estáis despiertos y pesadillas cuando dormís. Y si es verdad que la naturaleza humana o el pecado pueden hostigar con sueños al alma descuidada, ¿no será cierto también que en un millar de sueños ni uno solo es verdadero? Como de todos modos vais a ser engañados, ¿no será mejor que los sueños os entristezcan en lugar de alegraros? El engaño del mal sueño es alegre, y el del alegre, triste.

DOLOR   Me fatigan las pesadillas.

RAZÓN   Deja todos esos desvaríos y descansarás. Si no puedes, consuélate con los casos de aquellos que soportaron el mismo sufrimiento, y especialmente con los dos que he mencionado cuando te quejabas de no poder dormir.

LA CEGUERA

DOLOR   He perdido mis ojos.

RAZÓN   ¡Oh, cuántas pesadumbres de la vida has perdido con ellos; oh, cuántas necias bufonadas dejarás de ver!

DOLOR   He perdido mis ojos.

RAZÓN   Los del rostro, pero no los del alma. Mientras conserves éstos, todo te irá bien.

DOLOR   Soy ciego.

RAZÓN   No verás más el sol, pero si ya lo viste antes, en la memoria conservas su apariencia; si no lo viste (y esto es un golpe más duro de la fortuna), será más tenue el deseo de lo que no conoces.

DOLOR   Carezco de ojos.

RAZÓN   No verás el cielo ni la tierra, pero no has perdido la facultad de contemplar a su Hacedor. Esta visión es mucho más clara que la que has perdido.

DOLOR   Estoy condenado a ceguera perpetua.

RAZÓN   No verás los frondosos valles, los elevados montes, los floridos céspedes, las cuevas sombrías, las plateadas fuentes, el serpentear de los ríos, los fértiles prados ni lo que dicen que es más hermoso que nada: la belleza del rostro humano; pero tampoco verás los montones de cieno, ni los hediondos sumideros, ni los cadáveres descuartizados, ni nada de aquello que, al verlo, revuelve el estómago.

DOLOR   Estoy privado de la luz de los ojos.

RAZÓN   Aunque esta desgracia no tuviese otra ventaja que la de no ver ningún alarde de actos sucios y depravados, deberías desear la ceguera. Y aunque muchas veces antes ha parecido deseable, nunca tanto como ahora, porque de nada sirve huir a otro lugar. No importa donde vayas: en cualquier parte del mundo hallarás el mismo imperio de la locura y el mismo destierro de la virtud. En tal situación, perder los ojos es una especie de refugio y de consuelo.

DOLOR   He perdido la vista.

RAZÓN   Y con ella la visión de las mujeres. ¡Alégrate! Están cerradas las ventanas por donde entraba la muerte y está cortado el camino para muchos vicios: la avaricia, la gula, la lujuria y otras pestes semejantes se han quedado sin compañeros y sin cómplices. Debes entender que todo lo que estos enemigos del alma han perdido con tu ceguera será ganancia para ti.

DOLOR   He perdido mis ojos.

RAZÓN   Has perdido unos pésimos guías que te llevaban al despeñadero. ¿Te extraña? A menudo la parte más reluciente del cuerpo es la que conduce al alma hacia las tinieblas. Sigue, pues, a tu espíritu, que te llama para cosas mejores, y presta oídos a la verdad, que a gritos te dice: «No busquéis las cosas visibles, que son temporales, sino las invisibles, que son eternas».

DOLOR   Me he quedado sin ojos.

RAZÓN   Carecerías de muchas culpas si desde siempre hubieses carecido de ojos. Resiste los males venideros con la virtud y la ceguera, y borra los pasados con el dolor y la penitencia. No te lamentes por ser ciego si tienes abiertos los ojos del alma. Deberías llorar porque la ceguera te ha llegado tarde.

DOLOR   He perdido la luz de mis ojos.

RAZÓN   Conserva la verdadera luz del alma. Dicen que quienes han perdido un ojo ven más agudamente con el otro. Si esto es así, ¿no puede pensarse que, habiendo perdido los dos ojos, verás mucho mejor con los otros dos del alma?

Muy a tu propósito viene el dicho de Tiresias, aquel adivino famoso y ciego: «Los dioses me taparon los ojos y pusieron toda la luz en mi espíritu». Si tú has perdido esa luz, eres enormemente desgraciado y estás ciego y bien ciego. Y me temo que así sea, porque insistes en quejarte: nada produce más dolor que la pérdida de lo que en verdad es importante.

DOLOR   He perdido los ojos de la cara.

RAZÓN   Purifica y limpia los del alma para no perderlos y ocúpate de ellos, ya que has perdido los de fuera. La felicidad que buscas está ahí dentro, créeme.

DOLOR   Ya no puedo ver la luz con los ojos.

RAZÓN   Aprende a gozar en la oscuridad. ¿Has olvidado aquel dicho del filósofo Antípatro, muy propio en este caso aunque algo deshonesto, cuando bromeaba con unas amigas que lloraban porque estaba ciego? Les dijo: «¿Os parece que de noche no puede haber ningún placer?». Breve y graciosa verdad, pues hay muchos placeres en lo oscuro y mucho dolor en lo claro. ¡Pero advierte que estoy pensando en cosas honestas!

DOLOR   Me lamento por haber perdido mis ojos.

RAZÓN   Si hiciste de ellos un mal uso, es mejor que te alegres de haberte quedado sin instrumentos para la maldad. Si los usaste para bien, tampoco tienes por qué quejarte por haber perdido algo que, aunque tenga hermosa apariencia, no necesaria para la piedad ni para un propósito virtuoso. Dios no se fija en los miembros de tu cuerpo, sino en tu alma. Ofrécesela pura y entera, y al aceptarla aceptará con ella cuanto te quede, pues quien da su alma no guarda nada para sí.

DOLOR   Perdí los ojos corporales.

RAZÓN   Si consideras las cosas celestes, consuélate con Dídimo, quien, a pesar de ser ciego desde la niñez, perseveró hasta la muerte en el ejercicio de una vida virtuosa. Cuando lo vio, ya viejo, san Antonio le dijo que no debía lamentarse por haber perdido unos ojos que tienen también las moscas, los ratones y los lagartos, sino que debía alegrarse por haber conservado sanos y salvos los otros, que son propios de los ángeles. Palabras de san Antonio, tan verdaderas como dignas del discípulo del maestro celestial. Si ambicionas el cultivo de las artes liberales, piensa en Homero y en Demócrito. El primero, según se dice, cuando componía aquellas obras maravillosas y divinas no veía nada con los ojos, pero con el alma tenía vista de lince. El segundo se arrancó los ojos para no ver las muchas cosas que, según creía, le impedían la visión verdadera. No decidiré ahora si esto es digno de alabanza o de vituperio, pero no faltó quien lo imitase. Si escoges practicar el arte de Apeles o de Fidias, esto es, la pintura o la escultura, no negaré que algo has perdido, a menos que esta pérdida sea también ganancia, pues, privado de algo que al fin era cosa baja, tendrás que pensar en cosas más altas.

DOLOR   Por la ceguera estoy desamparado y sin provecho.

RAZÓN   ¿Por qué, ciego, tú mismo te desamparas? Tiresias, de quien antes hemos hablado, era completamente ciego y fue famoso por sus visiones y presagios. Diodoro el Estoico, más conocido por su amistad con Cicerón que por ser estoico, se consolaba de su ceguera con el placer de oír los libros que día y noche le leían (el mismo Cicerón lo explica), de manera que no tenía necesidad de ojos. Se dedicó al estudio de la filosofía y a tañer instrumentos, y a otra cosa que parece imposible de hacer sin ojos, pues era experto en geometría y explicaba con gran ingenio las figuras, haciendo que otro trazase las líneas. Gayo Druso también fue ciego, pero estaba tan versado en derecho civil, que su casa siempre estaba llena de litigantes que, aunque podían ver el camino que llevaba a la audiencia, no atinaban a encontrar el camino para vencer la causa. Así, pedían a un ciego que los guiase. Pero el más famoso de todos los hombres célebres por su ceguera fue Apio Claudio, ciego en la vista y ciego de sobrenombre. Abrumado por la ceguera y por la vejez, no solamente resolvía con sus consejos muchas dudas legales o particulares del pueblo, sino que con gran autoridad y juicio regía el senado y gobernaba toda la república. Y sin embargo tú, en cuanto te ves privado de uno de los sentidos, desechas todos los otros y a la razón con ellos, como hacen algunos que, incapaces de soportar un pequeño mal, con abyecta desesperación aborrecen la vida y los medios para vivir.

DOLOR   Soy ciego y no veo dónde voy.

RAZÓN   Pero el que te guía ve, ya sea tu alma o alguno de esos que sirven a los ciegos como lazarillos. Con su ayuda no solamente hallarás el buen camino, sino que podrás dedicarte al noble menosprecio de la vida y a extremados actos de virtud, y nada de esto te lo impedirá la pérdida de la vista mientras no desfallezca la fuerza de tu alma. Recuerda lo que la Sagrada Escritura dice de Sansón y lo que cuenta Lucano en sus guerras civiles sobre Tirreno en el mar de Marsella. Y si no quieres dar crédito al poeta, acuérdate de aquello, más cierto y más reciente, que sucedió en tu tiempo y que podrías haber visto con tus ojos: El rey Juan de Bohemia, hijo y padre de un emperador romano, que siempre había estado enfermo de los ojos, se quedó completamente ciego por muchos años. Durante la guerra, que ya hace treinta años que dura, entre el rey de Francia (a quien él favorecía) y el de Inglaterra, en la más cruel de todas las batallas, Juan sintió que los suyos estaban perdiendo, llamó a gritos a sus capitanes y les dijo: «Guiadme enseguida hacia la parte en que está el rey enemigo con toda la fuerza de su ejército». Le obedecieron con tristeza y con miedo. Él espoleó a su caballo y corrió hacia donde los otros no osaban llegar, ni aun a seguir con los ojos a quien no los tenía, y arremetiendo con gran ímpetu contra el tumulto de los enemigos, peleó ardida y fieramente hasta caer derrotado. Su acción provocó el asombro y la alabanza de los mismos vencedores. Lo que cuento es de todos sabido, pero podría caer en el olvido si no se recuerda por escrito. Y ahora dime: ¿en qué perjudicó la ceguera a este bravo guerrero, maravilloso por virtud y por naturaleza, y a quien la ceguera convirtió en fascinante?

DOLOR Soy ciego.

RAZÓN Empezaré a burlarme de ti si no dejas de quejarte. ¿Qué otra cosa te puede traer la ceguera sino lo que a propósito de sí mismo dice Asclepíades después de quedarse ciego, y es que tengas que ir acompañado por un muchacho?

LA ENVIDIA

DOLOR   Envidio.

RAZÓN   La avaricia desea el bien para ti, y ésta desea el mal para otros, de modo que la envidia es peor que la avaricia. Bien decía, pues, el sabio que el ojo del envidioso es malo y el del avariento insaciable.

DOLOR   La envidia me atormenta.

RAZÓN   «Los tiranos de Sicilia no hallaron mayor tormento que la envidia», dice Horacio, y este ábrego pestilente ya ha llegado a vuestros propios tiranos.

DOLOR   La envidia me atormenta.

RAZÓN   Entonces justamente pecas y a la par recibes el castigo.

DOLOR   La prosperidad de mi vecino me causa envidia.

RAZÓN   Bien te creo, pero sé que ninguno de vosotros envidia al rey de los Partos ni al de los Persas, ni tampoco ellos a vosotros. Hubo un tiempo en que todos os envidiabais, cuando la grandeza de vuestros imperios os hacía vecinos. ¿No os parece bastante vivir atormentados por los propios males, que no son pocos, para que además os atormenten los bienes ajenos, con lo que rematáis vuestra desgracia?

DOLOR   Envidio a mis vecinos.

RAZÓN   ¡Vieja costumbre! La envidia es cegata y no ve lo que está lejos. Sus padres son la vecindad y prosperidad.

DOLOR   Tengo envidia de los bienes ajenos.

RAZÓN   Si eres envidioso, es necesario que seas pusilánime. Ningún vicio es más miserable que la envidia. Nunca reside en espíritus elevados. Todos los otros vicios tienen en apariencia algún bien, aunque falso, pero la envidia sólo se alimenta de males; los bienes la atormentan, y padece el mismo mal que desea para los otros. Por eso me gusta aquel dicho de Alejandro de Macedonia: «Los hombres envidiosos no son más que tormentos o atormentadores de sí mismos». ¡Grave y verdadera sentencia para ser de un joven!

LA MUERTE

DOLOR   Me muero.

RAZÓN   Has llegado al final. Ya no temerás la
muerte ni la desearás; tampoco te quejarás, ni
estarás sujeto a los defectos del cuerpo ni del
alma, ni te molestarán el hastío de las cosas, ni
las enfermedades, ni la vejez, ni los engaños de
los hombres, ni las mudanzas de la fortuna. Si
todo esto son males, sin duda será un bien salir de ellos. Hasta hace poco te quejabas de todas esas cosas, ¿y te quejas ahora de que se acaban? Procura no ser disparatado, puesto que te
duele tanto que una misma cosa esté como que
no esté.

DOLOR   Me muero.

RAZÓN   Ése es el camino por el que fueron tus
padres, el ancho y trillado camino para todos.
No sé qué otro destino prefieres para ti solo. Sigue, pues, tu camino seguro y no temas perder-
te, que son muchos los guías y los compañeros.

DOLOR   Me muero.

RAZÓN   Si alguno hay al que convenga llorar

al morir, no tendría que haber reído nunca en la vida, puesto que siempre tenía sobre la cabeza lo que sabía que muy pronto le haría llorar. Y en verdad que aquella risa estaba siempre muy próxima al llanto.

DOLOR   Me muero.

RAZÓN   Es intolerable que alguien llore por lo que es su condición natural. No morirías si no fueses mortal, y si lloras porque lo eres, no hay razón alguna en tu llanto, puesto que vas a dejar de ser lo que contra tu voluntad eras. Tendrías que haber llorado al principio, cuando comenzabas a ser lo que no querías. Ahora deberías alegrarte, pues comenzarás a ser inmortal.

DOLOR   Me muero.

RAZÓN   Todos cuantos están alrededor de tu cama, todos cuantos has visto, oído y leído, todos cuantos podrías conocer, todos los nacidos o por nacer en cualquier tiempo y lugar han seguido o seguirán ese mismo camino. Piensa, pues, en la gran multitud de compañeros que van delante y detrás de ti y en los que mueren al mismo tiempo que tú, que no serán pocos. Creo que debes avergonzarte por lamentar algo que todos padecen, pues entre ellos no encontrarás ni uno solo a quien envidiar.

DOLOR   Me muero.

RAZÓN   Eso es como sacudir de tu cuello jun-
tamente el yugo de la fortuna y el de la muerte,
un bien doble, y tan inmenso, que ningún tipo
de prosperidad te lo podría obsequiar en vida.
Te ruego que pienses cuántos enojos y proble-
mas tendrías si tu vida durase, no digo eternamente, sino mil años, y cuántos son compara-
dos con los de este breve día. Lo averiguarás si te
acuerdas de esta vida incierta y fugitiva y de los
fastidios y angustias que has padecido en ella.

DOLOR   Me muero.

RAZÓN   ¡Oh, mortales, lloráis la muerte como
si la vida fuese una gran cosa! ¡Y también la tienen las moscas, las arañas y las hormigas! Si la
vida siempre fuese buena, la muerte siempre
sería mala, pero a veces la muerte es un gran
bien, porque libera al alma de insoportables
aflicciones y la salvaguarda de males insupera-
bles. Y como sólo la virtud es considerada grande entre vosotros, entonces la vida, vista por sí
sola, no es más que una tienda de infinitas miserias, y quien lamenta que se cierre es porque
no desea que cesen los males y porque aborrece la tranquilidad. Y, al contrario, el que ama el
sosiego es porque desea que acaben los traba-

jos de la vida. Si la muerte es el único fin de los cuidados y de los males, ¿por qué lloras? Ha llegado tu día, y si tardase deberías desearlo con todas tus fuerzas. Tal y como van las cosas humanas, siendo tan inmenso el poder de la fortuna y tan diversos sus sobresaltos, quizá hayas rogado ya por la llegada de ese día.

DOLOR   Me muero.

RAZÓN   Te mudas de una miserable casa de barro a una morada celestial y eterna, y si tienes ya un pie en el quicio de esta puerta, no sé por qué vas triste y de mala gana, mirando con mucha congoja lo que queda atrás: o no cuentas como males los que dejas, o no crees en los bienes que tienes por delante. Si es verdad lo que he dicho antes, y también grandes hombres han dicho, que lo que llamáis vida es, en realidad, muerte, entonces el final del vivir, que recibe el nombre de muerte, es vida.

DOLOR   Me muero.

RAZÓN   Tu rey te libera de la prisión, ya están rotas las ataduras que, por voluntad del padre celestial, son temporales. Y es esto precisamente lo que demuestra su gran misericordia: así lo entiende Plotino y así lo aprueban vuestros sabios. No sé, por tanto, de qué te quejas.

DOLOR   Me muero.

RAZÓN   Buena embajada: es tu rey quien te llama. Es llamamiento dichoso, aunque no se lo parezca a quienes lo reciben contra su voluntad. Da tu consentimiento: enseguida empezarás a sentir el bien que te hace y, como aquel cisne de Sócrates que tenía don de profecía y estaba consagrado a Apolo por esa razón, al morir cantarás por salir de la cárcel que ahora temes, como quien sabe los males de la vida y adivina los bienes de la muerte; y si no cantas con tu voz, lo harás con el corazón, a no ser (Dios no lo quiera) que te abrume el lastre pesadísimo de los pecados no confesados. Debes hacer con tu espíritu lo que leemos que hizo Vespasiano con su cuerpo: levántate para morir y considérate indigno de morir echado, y aunque no seas emperador como él, no pienses que eres menos en esto, pues la muerte no sabe de imperios ni reconoce a los príncipes. Es la gran igualadora de todas las cosas. Quizá Vespasiano tuvo en vida muchas cosas que tú no alcanzaste, pero no las tendrá en la muerte; creo que tú merecerás un poco más de gracia divina, no porque seas mejor, sino porque estás más cerca de ser bienaventurado a causa del amor gratuito de Dios, pues lo que negó a los grandes y escondió a los sabios lo concedió a los pequeños y lo reveló a los ignorantes. Además, para ti será más provechoso y más fácil levantarte, porque Vespasiano precisaba de la fuerza corporal, disminuida por la enfermedad y anulada por la muerte; pero tú, para levantarte, sólo necesitas la fuerza del alma, que a menudo aumenta con la proximidad de la muerte.

DOLOR   Me muero.

RAZÓN   ¿Por qué temes si estás a salvo? ¿Por qué tropiezas en lo llano y dudas en lo manifiesto? No quiero abrumarte con lo que a este propósito dicen vuestros filósofos. La angustia del que muere y su poco tiempo no toleran muchas cosas, pero ya deberías tener bien metido en el alma todo cuanto han dicho los filósofos antiguos. Todos ellos insisten en que una felicidad constante hasta el fin de la vida (cosa que pocas veces ocurre) basta para convertir en superfluos los remedios contra la adversidad; pero los remedios específicos contra la muerte son siempre provechosos y necesarios, pues los causa una fuerza natural e ineluctable. Cicerón fue, entre otros muchos, el que dijo más y mejores cosas, sobre todo en el primer día de sus *Tusculanas*, de que ya hemos hecho mención; si no lo has aprendido antes, ahora no hay tiempo de enseñártelas. La conclusión es que, sin importar si el que muere está en una situación desgraciada o feliz (porque la condición humana está sometida a los caprichos de la fortuna), la muerte lo priva siempre de los males, pero no de los bienes, y todo el que observe con agudeza las cosas humanas sabrá que es así. La llegada de la muerte no es un revés, sino un alivio para el moribundo, que debe pensar en ella con alegría y recibirla como mensajero de su libertador. Y cuando haya pasado, verla como la ventana por la que huyó de las celadas del mundo y de la prisión de la carne. Lo que Cicerón concluye es que, bien perezca el alma del todo, o bien se vaya a otro lugar, en la muerte no hay mal alguno y sí hay mucho bien. Esto ya quedó dicho agudamente para su época, y en la vuestra no hay duda alguna, ni entre los filósofos ni entre la gente vulgar. Y creo que ni aun el mismo Cicerón duda de la inmortalidad del alma, porque así lo afirma en muchos pasajes, aunque en éste quiso acomodarse a la poca fe de quienes lo escuchaban. En suma, debes tener por seguro que el alma es inmortal, pues así lo creen tus semejantes y así lo sostuvieron los más excelentes filósofos. No esperes la muerte del alma, pues es propio de su naturaleza el no poder morir; y tampoco pienses que después de la muerte ya no hay males que sufrir por no tener alma, sino porque su Creador es tan manso, compasivo y misericordioso, que no despreciará su obra: siempre está junto a quienes lo llaman de corazón. A él debes rogar, en él debes depositar tus votos y tus esperanzas, y el último suspiro ha de ser para decir su nombre. Parte, pues, seguro y sin miedo. La naturaleza, madre benigna de todas las cosas, no hizo ninguna horrible. No es ella la que causa el temor a la muerte, sino el error de los hombres. Si tienes grandes cosas en el espíritu, si te ocupas en cosas elevadas, desprecia las bajas y necias voces del vulgo, y también sus obras, y fíjate en aquellos cuyas pisadas conducen a la gloria verdadera. Entre tus contemporáneos hay incontables ejemplos de hombres que murieron contentos y felices. Si buscamos entre los más antiguos, encontraremos a muchos que no sólo sufrieron la muerte con valor, sino que la precipitaron, como en el caso de Marco Catón, a quien Cicerón disculpa y Séneca alaba. A mí ninguna de las dos opiniones me parece bien, y mucho menos la segunda, porque es más tolerable excusar el error que alabarlo; para mí son censurables ambas, porque así como es loable responder y obedecer con reverencia a quien nos llama, es condenable abandonar el puesto sin orden de un superior, traición que debe castigarse con duro destierro o con muy severo tormento. Insisto en todo esto a sabiendas, para que se grabe mejor en tu ánimo.

DOLOR   Me muero.

RAZÓN   Estás pagando el tributo que tu carne debe a la naturaleza. Muy pronto serás libre. Haz de buena gana lo que tienes que hacer de todos modos. Bien lo dijo el que tuvo óptimos consejos sobre la muerte: «Lo que no puedes evitar, hazlo de buena voluntad». Ninguna admonición es más provechosa que ésta, porque, en realidad, ninguna otra nos sirve contra lo que es forzoso. Lo que se hace voluntariamente resulta más fácil, y si hay voluntad verdadera, la obligación acaba por desaparecer.

DOLOR   ¡Mira, me muero!

RAZÓN   ¡Mira, el Señor te espera! Apresúrate, no dudes, no tardes, abandona cualquier temor. Tú no te quieres tanto como Él te quiere. ¿Quién desconfía si es llamado por quien lo ama? Quizá acabarás maravillándote de haber temido lo que debías desear. En cuanto estés libre, sabrás muchas cosas que nunca podrías haber aprendido cuando estabas preso. Por eso creo que nada hay mejor que la muerte para quienes quieren conocer los secretos de aquellas cosas que la mente no puede penetrar, porque está cubierta de su velo mortal, y cuyo entendimiento es un deseo natural de todos los hombres, especialmente de quienes se dedican al estudio.

DOLOR   Me muero.

RAZÓN   Di mejor que duermes. Creo que vas a reposar del mucho cansancio de la vida.

DOLOR   Me muero.

RAZÓN   Vas hacia el eterno reposo. Ahora empiezas a vivir. Una buena muerte es el comienzo de la vida.

ESTA REIMPRESIÓN, SEGUNDA,
DE «REMEDIOS PARA LA VIDA», DE
FRANCESCO PETRARCA, SE TERMINÓ
DE IMPRIMIR EN CAPELLADES
EN EL MES DE ABRIL
DEL AÑO
2024

Colección Cuadernos del Acantilado
Últimos títulos